海上絲綢之路基本文獻叢書

庚子海外紀事（上）

〔清〕吕海寰 編

文物出版社

圖書在版編目（CIP）數據

庚子海外紀事．上 /（清）吕海寰編．-- 北京 ：文物出版社，2022.6
（海上絲綢之路基本文獻叢書）
ISBN 978-7-5010-7505-8

Ⅰ．①庚… Ⅱ．①吕… Ⅲ．①外交史－中國－近代 Ⅳ．① D829

中國版本圖書館 CIP 數據核字（2022）第 065098 號

海上絲綢之路基本文獻叢書

庚子海外紀事（上）

著　　者：〔清〕吕海寰
策　　划：盛世博閱（北京）文化有限責任公司

封面設計：鞏榮彪
責任編輯：劉永海
責任印製：張　麗

出版發行：文物出版社
社　　址：北京市東城區東直門内北小街 2 號樓
郵　　編：100007
網　　址：http://www.wenwu.com
郵　　箱：web@wenwu.com
經　　銷：新華書店
印　　刷：北京旺都印務有限公司
開　　本：787mm×1092mm　1/16
印　　張：15.75
版　　次：2022 年 6 月第 1 版
印　　次：2022 年 6 月第 1 次印刷
書　　號：ISBN 978-7-5010-7505-8
定　　價：98.00 圓

總緒

海上絲綢之路，一般意義上是指從秦漢至鴉片戰争前中國與世界進行政治、經濟、文化交流的海上通道，主要分爲經由黄海、東海的海路最終抵達日本列島及朝鮮半島的東海航綫和以徐聞、合浦、廣州、泉州爲起點通往東南亞及印度洋地區的南海航綫。

在中國古代文獻中，最早、最詳細記載『海上絲綢之路』航綫的是東漢班固的《漢書·地理志》，詳細記載了西漢黄門譯長率領應募者入海『齎黄金雜繒而往』之事，書中所出現的地理記載與東南亞地區相關，并與實際的地理狀况基本相符。

東漢後，中國進入魏晋南北朝長達三百多年的分裂割據時期，絲路上的交往也走向低谷。這一時期的絲路交往，以法顯的西行最爲著名。法顯作爲從陸路西行到印度，再由海路回國的第一人，根據親身經歷所寫的《佛國記》（又稱《法顯傳》）一書，詳細介紹了古代中亞和印度、巴基斯坦、斯里蘭卡等地的歷史及風土人情，是瞭解和研究海陸絲綢之路的珍貴歷史資料。

隨着隋唐的統一，中國經濟重心的南移，中國與西方交通以海路爲主，海上絲綢之路進入大發展時期。廣州成爲唐朝最大的海外貿易中心，朝廷設立市舶司，專門管理海外貿易。唐代著名的地理學家賈耽（七三〇～八〇五年）的《皇華四達記》記載了從廣州通往阿拉伯地區的海上交通『廣州通夷道』，詳述了從廣州港出發，經越南、馬來半島、蘇門答臘半島至印度、錫蘭，直至波斯灣沿岸各國的航綫及沿途地區的方位、名稱、島礁、山川、民俗等。譯經大師義净西行求法，將沿途見聞寫成著作《大唐西域求法高僧傳》，詳細記載了海上絲綢之路的發展變化，是我們瞭解絲綢之路不可多得的第一手資料。

宋代的造船技術和航海技術顯著提高，指南針廣泛應用於航海，中國商船的遠航能力大大提升。北宋徐兢的《宣和奉使高麗圖經》詳細記述了船舶製造、海洋地理和往來航綫，是研究宋代海外交通史、中朝友好關係史、中朝經濟文化交流史的重要文獻。南宋趙汝適《諸蕃志》記載，南海有五十三個國家和地區與南宋通商貿易，形成了通往日本、高麗、東南亞、印度、波斯、阿拉伯等地的『海上絲綢之路』。宋代爲了加强商貿往來，於北宋神宗元豐三年（一〇八〇年）頒佈了中國歷史上第一部海洋貿易管理條例《廣州市舶條法》，并稱爲宋代貿易管理的制度範本。

元朝在經濟上採用重商主義政策，鼓勵海外貿易，中國與歐洲的聯繫與交往非常頻繁，其中馬可·波羅、伊本·白圖泰等歐洲旅行家來到中國，留下了大量的旅行記，記録元代海上絲綢之路的盛况。元代的汪大淵兩次出海，撰寫出《島夷志略》一書，記録了二百多個國名和地名，其中不少首次見於中國著録，涉及的地理範圍東至菲律賓群島，西至非洲。這些都反映了元朝時中西經濟文化交流的豐富内容。

明、清政府先後多次實施海禁政策，海上絲綢之路的貿易逐漸衰落。但是從明永樂三年至明宣德八年的二十八年裏，鄭和率船隊七下西洋，先後到達的國家多達三十多個，在進行經貿交流的同時，也極大地促進了中外文化的交流，這些都詳見於《西洋蕃國志》《星槎勝覽》《瀛涯勝覽》等典籍中。

關於海上絲綢之路的文獻記述，除上述官員、學者、求法或傳教高僧以及旅行者的著作外，自《漢書》之後，歷代正史大都列有《地理志》《四夷傳》《西域傳》《外國傳》《蠻夷傳》《屬國傳》等篇章，加上唐宋以來衆多的典制類文獻、地方史志文獻，集中反映了歷代王朝對於周邊部族、政權以及西方世界的認識，都是關於海上絲綢之路的原始史料性文獻。

海上絲綢之路概念的形成，經歷了一個演變的過程。十九世紀七十年代德國地理學家費迪南·馮·李希霍芬（Ferdinad Von Richthofen，一八三三～一九〇五），在其《中國：親身旅行和研究成果》第三卷中首次把輸出中國絲綢的東西陸路稱爲『絲綢之路』。有『歐洲漢學泰斗』之稱的法國漢學家沙畹（Édouard Chavannes，一八六五～一九一八），在其一九〇三年著作的《西突厥史料》中提出『絲路有海陸兩道』，蘊涵了海上絲綢之路最初提法。迄今發現最早正式提出『海上絲綢之路』一詞的是日本考古學家三杉隆敏，他在一九六七年出版《中國瓷器之旅：探索海上的絲綢之路》中首次使用『海上絲綢之路』一詞；一九七九年三杉隆敏又出版了《海上絲綢之路》一書，其立意和出發點局限在東西方之間的陶瓷貿易與交流史。

二十世紀八十年代以來，在海外交通史研究中，『海上絲綢之路』一詞逐漸成爲中外學術界廣泛接受的概念。根據姚楠等人研究，饒宗頤先生是華人中最早提出『海上絲綢之路』的人，他的《海道之絲路與昆侖舶》正式提出『海上絲路』的稱謂。選堂先生評價海上絲綢之路是外交、貿易和文化交流作用的通道。此後，大陸學者馮蔚然在一九七八年編寫的《航運史話》中，使用『海上絲綢之路』一詞，這是迄今學界查到的中國大陸最早使用『海上絲綢之路』的人，更多地限於航海活動領域的考察。一九八〇年北京大學陳炎教授提出『海上絲綢之路』研究，并於一九八一年發表《略論海上絲綢之路》一文。他對海上絲綢之路的理解超越以往，且帶有濃厚的愛國主義思想。陳炎教授之後，從事研究海上絲綢之路的學者越來越多，尤其沿海港口城市向聯合國申請海上絲綢之路非物質文化遺産活動，將海上絲綢之路研究推向新高潮。另外，國家把建設『絲綢之路經濟帶』和『二十一世紀海上絲綢之路』作爲對外發展方針，將這一學術課題提升爲國家願景的高度，使海上絲綢之路形成超越學術進入政經層面的熱潮。

與海上絲綢之路學的萬千氣象相對應，海上絲綢之路文獻的整理工作仍顯滯後，遠遠跟不上突飛猛進的研究進展。二〇一八年厦門大學、中山大學等單位聯合發起『海上絲綢之路文獻集成』專案，尚在醖釀當中。我們不揣淺陋，深入調查，廣泛搜集，將有關海上絲綢之路的原始史料文獻和研究文獻，分爲風俗物産、雜史筆記、海防海事、典章檔案等六個類别，彙編成《海上絲綢之路歷史文化叢書》，於二〇二〇年影印出版。此輯面市以來，深受各大圖書館及相關研究者好評。爲讓更多的讀者親近古籍文獻，我們遴選出前編中的菁華，彙編成《海上絲綢之路基本文獻叢書》，以單行本影印出版，以饗讀者，以期爲讀者展現出一幅幅中外經濟文化交流的精美畫卷，爲海上絲綢之路的研究提供歷史借鑒，爲『二十一世紀海上絲綢之路』倡議構想的實踐做好歷史的詮釋和注脚，從而達到『以史爲鑒』『古爲今用』的目的。

凡例

一、本編注重史料的珍稀性，從《海上絲綢之路歷史文化叢書》中遴選出菁華，擬出版百册單行本。

二、本編所選之文獻，其編纂的年代下限至一九四九年。

三、本編排序無嚴格定式，所選之文獻篇幅以二百餘頁爲宜，以便讀者閱讀使用。

四、本編所選文獻，每種前皆注明版本、著者。

五、本編文獻皆爲影印，原始文本掃描之後經過修復處理，仍存原式，少數文獻由於原始底本欠佳，略有模糊之處，不影響閱讀使用。

六、本編原始底本非一時一地之出版物，原書裝幀、開本多有不同，本書彙編之後，統一爲十六開右翻本。

目録

庚子海外紀事（上）

庚子海外紀事（上）

序至卷二

〔清〕吕海寰 編

清光緒二十七年上海辦理商約行轅鉛印本

庚子海外紀事

辛丑仲冬刊於上
海辦理書紀六轅

自序

上年中外交關變起倉卒非所逆料初聞警報猶疑信參半以為謠傳比因京津電斷專恃江鄂等省遣探消息分致各使館互相轉告終以重洋阻絕必再三印證始能確切因是益形遲滯而新報議論厖雜以僞亂真揣測事機苦莫能得其要領

往往若鷄鳴之失旦及至戕使衅成聯軍北犯
乘輿西狩砑目痛憤竟日旁皇自是德亦防範愈
嚴遂有密電之禁關程他使屬紓迴遞達而
於中事聲氣究多隔閡視古蠟書雁帛未審
其難孰似鬱鬱居此已置死生於度外然不
知身之復何在矣當克使被戕之信到柏林舉
國譁然無識之民向中國使館時出不遜之言

回嚴諭隨員繙譯等閉戶不出以避兇鋒免再
啟意外之交涉旋奉
旨命向德廷慰唁遂赴外部道歉途中人指而
目之者均有怒容外部初拒不納繼謂向與欽
差交好今日只可私見告以兇使不幸之事皆
係亂民所為宣出
國家之意外令奉

旨特來道歉渠謂公使係代君行事傷公使不啻傷君可謂野蠻之至告以克使亦有不是處渠怫然不悅謂業已被戕尚歸咎耶告以彼時北京大亂中國大官死者甚多克使不先知照冒險前往不帶護衛亦太自輕矣然亦可見中國素待克使之優厚也渠作色曰殺之尚謂優厚耶當告以克使因平日相待優厚故深信

不疑以為中國決不與我為難遂不幸遭此難耳現在本大臣亦在危險之中貴國人民時有投信使館毀詈威嚇者日有數起若以本大臣為克使償命本大臣為國負咎毫無怨言特恐他國亦必嗤貴國為野蠻也外部大臣似憬然感悟許為轉奏旋聞派出許多巡捕暗為保護乃得無慮

醇邸抵德謝過又爲拜跪禮節屢次辯論舌敝唇焦幾與外部決裂不得已以去就力爭遂避居瑞士以示意仍密授參贊廕昌洋員金楷理機宜暗與教士學界鼓吹輿論亦不直德皇所爲又託前駐津德領事司根德相機勸導正值德皇召見司根德乘機固說謂跪拜乃祀天祀耶穌之禮此外無行此禮者若令人跪拜是

以木偶人相待不足為重反以為辱昇聞中國官員為彼國體面所在持之甚堅倘逼之太緊恐有性命之虞且恐他國之議其後因小失大殊不值得甚覺動聽德皇漸有醒悟之意幸醇邸亦托病不進乃得轉圜成禮然已熱費經營矣現在和議就緒迴溯程前所歷直如夢境痛定思痛曷勝憮然此次處反故危如累卵幸我

國家深仁厚澤洽於寰區雖顛沛流離而人心
固結衆志成城四境安堵並無風鶴之警尤賴
廟謨勝算措置得宜而内外諸臣亦能相與協力挽
回卒克獲全大局微臣奉使無狀幸免愆尤得
代生還爰於慶慰之餘將自庚子之夏至辛丑
之秋與德外部問答及一切文牘暨各處往來
電音料檢散失編爲四卷錄存行篋必以庚子

題名者誌斯事發難之緣起也迄乎辛秋而
止者蓋必俟
親藩遠莅謝過友邦始為斯事之結局檝臣
亦自此回華矣其始末如此當日百端憂患畧
見斯編其於時情形尚有斯編所未盡載者遺
漏甚多其中皆係據事直書毫無掩飾之語
或勸付棗梨用布

朝廷宵旰之勞諸臣斡旋之艱常惕惕於心目終身毋忘此恥而後之謀國者庶知所難焉於時事不無裨耳遂勉從其請并綴數語於簡端

光緒二十七年辛丑仲冬上浣

欽差出使德國和國大臣外務部左侍郎都察院左都御史臣呂海寰識于德京柏林使館

庚子海外紀事卷一

欽差出使德國和國大臣署理外務部左侍郎都察院左都御史臣呂海寰編次

去電光緒二十六年五月起

致總理衙門王大臣五月初二日

西報言豐台蘆溝車棧鐵路被匪焚毁勢甚猖獗聞克使請兵保護當赴外部阻止據云克電甚急現由青島撥兵五十進京兵輪一艘已赴大沽本不願派因各國皆派實不得已等語恐從此又生枝節謠諑紛起刻下情形請電示以釋羣疑海江

致出使俄國大臣楊電五月十六日

訛言駭聞焦憤萬分尊處如得確信務祈密示爲叩海諫

致總理衙門總辦章京電五月十七日

總辦鑒西報言端邸及滿堂四進署漢堂一退未登姓名慶邸仍在署否柏林官場來問乞詳電示海篠

致北洋大臣裕電五月二十日

宙電壽帥鑒西報傳德公使在京被害德國官民勢洶洶確否請速電示京電如通乞轉總署海哿

致出使俄國大臣楊電五月二十日

函敬悉訛言更惡昨謂日使被害頃又傳德使遇害焦急萬分尊處得確信乞密示端邸及滿堂四進署如知姓名

祈一併速示海號

致湖廣總督張電五月二十一日

宙密嘯號電均悉商妥即復昨西報言日德兩公使均被害確否柏林官民勢洶洶大局可危聞京津滬電不通刻下如何情形祈密電示感叩海馬

致出使俄國大臣楊電五月二十二日

兩電均悉感甚昨晚柏林接烟台輪船自津來毫無所聞謠傳疑因電斷而起誠哉議賠已屬不了餘詳函悲難相共仍隨時關照爲叩弟海養

致出使俄國大臣楊電五月二十二日

頃報大沽礮臺已失英船沈二俄船毀一各國兵均有殺傷未知華人傷若干大局可危都門如何情形俄外部如何議論如尊處有確信祈詳電示盼禱海濱

致上海道余電五月二十三日

晉翁鑒請設法轉總署帶電覽否近日謠傳更惡德都官民慌急各國協以謀我勢甚危迫今聞續調赴華兵艦及陸軍不少德又派步隊約二千名礮船魯克蘇帖快船畢斯瑪鐵甲快船嘎則勒陸續開華阻止不住內患未靖外侮迭乘焦憤萬分現在如何妥籌以維大局可否速密示仰戀

廷闕憂心如擣洵濮
致北洋大臣李電五月二十五日
邃逕電詳告外部彼云中國不護使館克使存亡未卜已
七日不通電音舉國慌急又沽台先開礮傷我多人此二
事實違公法停兵難遽議當告以克使無恙電已修開礮
非奉
旨不爲開衅援前年德君遇事相助之言力與辯論彼又以非
奉
廷諭爲詞告以中堂電諭即是訓條彼又云聞粵省堅留恐不
成行又告以

內召無停留之理中堂威望素著到京後內亂自平諸事可商彼始允轉奏德王其注意所在終未肯露竊思北事危急務請中堂早日北上以維大局而孚衆望天下幸甚海眷戀
廷闕憂心如擣仍乞隨時密示以期接洽爲叩海宥

致南洋大臣劉電五月二十五日

峴憲任禧蓀賀敬電遵告外部切囑勿再分兵南來致滋驚擾彼云聞滬已不靖告以有南洋及鄂督兩帥保護必無慮適李傅相來電囑其停兵辯論再三彼始允一併代奏似有慮傅相不克北上之意可否請憲台勸中堂速駕

以維大局德公使無恙否乞密電示爲叩海有

致上海道余電五月二十六日

有電悉已切實轉告矣德公使是否無恙探明密示漾電

承轉感謝海宥

致鐵路大臣盛轉總理衙門電五月二十六日

杏翁鑒北事急憤甚德公使無恙否彼國因電不通甚慌

祈探明密示如有新聞並祈隨時密告爲叩總署電祈轉

漾電覽否德又派海軍步隊兩營來華時勢日亟昨接李

傅相電沽台互擊并非奉

旨轉告外部切囑停兵再議善後外部云中國違公法本不容

再接待議事意甚快快告以中國保衛各公使並無疏虞沽台互擊不可看作開衅彼聞傳相北上氣色稍平似有慮中堂不克遄行之意又將峴帥與香帥力任保護長江一帶教商之電轉告并援前年德主遇事相助之言辯論再三彼始允一併奏知德主唯電音不通克使存亡未知彼甚注意究竟如何祈密示爲盼海宥

致出使俄國大臣楊電五月二十六日

敬有電均悉關照感謝李劉徑敬電俄外部如何措詞密示爲盼德甚咎違公法辯論再三始允轉奏德主似有慮傅相不克遄行之意唯克使存亡未卜電信不通彼甚憤

恨尊處有聞乞密告洋兵若戰匪退係十三之事未知近日如何痛憤萬分海宥

致出使俄國大臣楊電五月二十七日

峴帥電李迭催北上德使平安云尊處如有所聞亦祈電示海沁

致南洋大臣劉電五月二十七日

沁電敬悉已告德外部彼甚感北事因電阻生謠致肇釁端近滬亦有蜚語誠恐煽惑起波滬為商務總匯最關緊要可否轉囑各國總領事電告本國政府長江一帶安謐切勿派兵較使臣勸阻更昭信實祈鈞裁京津近情如何

海沁
致出使俄國大臣楊電五月二十七日
頃滬道電北京各使均平安海感
致出使英法國大臣羅裕電五月二十八日
勘電敬悉羅時事日亟奈何傅相覲帥兩電俄不作爲開
戰看德願傅相北上英法外部如何措詞祈密示上海電各
使均平安此信確否患難相共尊處如有所聞祈隨時電
示爲盼海勘
致出使俄國大臣楊電五月二十日
昨羅電廿三署行文各使出京云剩下是否尙認保護各

使已否出京尊處有聞否倘各國仿行尊意如何辦理統乞電復頌各督撫公請尊處轉商俄外部之電已見否如未見希速示以便轉電海卅

致出使英國大臣羅電 五月二十日

宙密鑒電悉署行文各使出京尚認保護否各使已否出京如各國仿行尊處兼意比如何辦法同舟誼切統乞電示海卅

致直督李 江督劉 鄂督張 皖撫王 湘撫俞 東撫袁電 五月二十日 發武昌

遵鑒電譯洋配華已交外部據云德竝無戰意長江一帶如果力任保護商教確有把握決不派兵現派兵艦係往

北去李中堂各國素所信服均盼早日北上容日覆信等語長江有各帥威鎮諒必無虞傅相此行關係安危大局早發一日民難早紓一日請轉電各處爲叩候覆到再電

海卅

致南洋大臣劉電五月二十日

遵卅電切告外部據云長江一帶果能力任保護商教平安決不派兵現派兵艦係往北去各領事尙未來電商云云長江有峴帥坐鎮自無他虞唯盼早與各領事妥商催其速商本國更爲妥實各國盼傅相北行甚切宜早發以維大局海卅

致出使法國大臣裕電五月二十日

卅電悉此間并無戰意甚盼傅相早發日內有覆信云法如何答亦請密示海卅

致南洋大臣劉湖廣總督張電六月初二日

峴香兩憲鑒東電已譯告外部據云滬領事來電不及此電詳細中有數條未能照允候妥商再覆又云各國并無意與中國爲難刻下總盼先靖內亂李相北上各國屬望甚切請電總署等語即乞酌量代轉爲叩傅相遄行始有轉機請勸早發海冬

覆南洋大臣劉電六月初六日

外部覆云文三件悉中國待德使有違公法德人被困甚危現派兵遣艦保護使館及德人并要同向來分內任使之叅所有中國違法各事須照懲償故會同各國併力合辦必得欲一切實把握免再鬧事德所注意在此現中國政府辦事既自置身公法外各國即不能以公法相待至各督撫既認保護西人爲已任辦法與北京自異本部已立案務望踐言并請奏明中朝速解危機惟華兵勾結匪黨合攻西人德國在華應辦事宜咸歸統將主裁本部不願分其權致掣其肘故江鄂兩督擬訂各章礙難徑允兩督美意倘能實踐我國亦不忘情當即轉達統將於軍事

覆酌辦云北事近如何不勝憂憤請轉總署幷李張袁王
俞海歌

致出使俄國大臣楊電六月初六日

柏林官電德使在京被戕確否乞立密示

致南洋大臣劉電六月初七日

德使斃德君甚怒又派鐵艦四快船一赴華約兵二千名矢取北京爲城下盟柏林民情洶洶勢甚危請轉署幷李
張海陽

致出使俄國大臣楊電六月初七日

麻虞悉感謝昨往晤據云畢會未回德君意尚不知恐决

裂云唯民情洶洶勢殊可危頃聞德派員赴俄商辦如何情形乞探密示海陽

致出使英國大臣羅電 六月初七日

魚電悉往晤外部云畢魯未回德君意尚不知恐決裂云現民情洶洶勢殊可危未知英外部如何議論乞探密示海陽

致北洋大臣李電 六月初八日

西報傳中國已宣戰各國確否乞密示德使戕後柏林民洶洶甚危急海庚

致鐵路大臣盛電 六月初八日

來電均懇謝謝請轉署德使被戕柏林遍遙報畢民情洶洶有與使館爲難之勢甚危急海庚

致南洋大臣劉電 六月初八日

陽電譯告外部切實聲明彼未置詞唁電感謝旋云德使已戕各國激怒在京洋人嗣後極須盡力保護勿再傷害免動公憤務請轉達政府云速請轉署并香帥海庚酉

致南洋大臣劉電 六月初九日

庚電計覽回華一節彼不下逐客令我未奉
旨斷無擅走之理自應堅忍靜候以濟時艱聞
兩宮北狩又言被困不勝驚駭確否祈密示請速轉李張海佳

收出使法國大臣裕電 六月初十日

佳電蓋慮極是容函商通使再覆聞法使亦栽確否東信通否如有聞祈示為感海蒸

致南洋大臣劉 六月十一日

德王昨諭膠撫承橙并電請江鄂歸各督凡在東被困洋人救一命酬銀千兩能達此言到京諸費一併允還等語足徵關切民命此電會達尊處否海眞

致出使俄國大臣楊電 六月十二日

元惡賤恙因時事憤急寢食不安所致承問感謝恐有傳外部事故派代辦學生謙小稹所擊并無傷海覃

致南洋大臣劉電 六月十二日

和外部照覆和領與甘督撫商辦各事無論何項和廷未便允准云乞轉李張袁王俞眞電已照轉否袁撫復德王電已刊西報海元

致南洋大臣劉電 六月十四日

兩帥力保長江彼族已信惟屢誓盡力保護使館係託空言德皇注意在京似宜籌一切實辦法以維繫之即辦不到或當原諒否則連保護長江語恐致生疑反掣東南肘所關非細請卓裁愚見直陳乞宥元電未告袁復電亦未由海轉海鹽

致盛大臣電 六月十五日

西報言總署已焚譯堂有被害者薩相夔帥均遇難確否近日北事如何統乞密示海咸

致出使俄國大臣楊電 六月十五日

咸悉昨直藩轉初三電

旨七百餘言如尊處未接到乞速示以便轉達海刪

致出使英/法國大臣羅/裕電 六月十五日

昨滬道電直藩轉初三電

旨尊處如未接到乞速示以便轉達海咸

致南洋大臣劉電 六月十七日

各使及眷口有無損害外部甚爲著急託電詢乞設法密
探確耗電示德派新使名刷次士潭月底赴華請轉署并
李張海篠

出使俄國大臣楊電六月十七日
銑悉函到電
旨亦照譯送以免參差外部允呈俄外部云何尙擬電奏否乞
示海篠

致北洋大臣李電六月十八日
諫電悉密探外部無實言各國總以各使及眷口有無傷
害再定辦法此事各國以代靖內亂爲詞在我只可推爲

亂匪滋事萬不可牽涉官兵爲將來收束計外部昨得粵領電悉中堂廿一起程果否刻下彼雖無逐客令然已有不應再爲接待之語後事亦難逆料篠電轉到否海巧

致出使英國大臣羅電六月十九日

巧電感謝畢言四條與尊處所聞大同小異已譯電傳相初三電

旨尙擬覆奏否聞

兩宮甚危如有所聞乞密示爲禱海效

致閩浙總督許電六月十九日

元電照轉轄境尙安否海效

致出使俄國大臣楊電六月十九日

昨盛電孫徐兩相被刦東城焚殺最甚亂黨騎虎各使及
兩宮俱危頃羅得盛電十一日京耗董將篤礮不遵
旨使館政府俱危云觀此情形
兩宮恐有不測不勝痛哭尊處有聞亦祈密示篠電請覆海效

致北洋大臣李電六月二十日

德外部致列邦文稱德國立意一在保護本國寓華商民身家財產工藝一救護在京被困歐人性命一使中國之人實有治國理民之能者重整一切并籌一善法保不再亂一所有兇惡焚殺之事須索賠懲治如願以償德國無

瓜分之意亦不求專利深願會同各國和衷共濟互相妥商庶中國早平內亂速享昇平之樂此德國注意者也云云先摘要電達祈轉劉張轉署海效

致出使英國大臣羅電六月二十日

頃傅相電廿一起程峴帥電得袁電聞各使暨眷無恙惟使館圍嚴消息不通昨又會諸帥電京救使云今日德報載袁電在京西人全沒未知孰是有聞祈示海號

致出使美國大臣伍電六月二十日

咸悉感謝敝處有克使事擬稍緩覆奏彼雖無逐客令已有不應再接待語剋惟飭參贊傳話北事如有所聞祈示

海號

致南洋大臣劉電六月二十日

號電照轉外部甚感謝各督撫美意惟願設法實力保救有效尤感但英電各使及眷均被害云仍求探示海署

致南洋大臣劉電六月二十一日

號電敬悉譯送外部彼前屢言中國究竟誰秉國政論情勢本不應再爲接待刻又禁止發密電恐不免有逐客令此後消息不通奈何翹瞻京闕不禁涕零乞轉署幷李張此電係函託通使轉海箇

致上海道余電六月二十五日

鑒悉
國書欽遵照遞克使眷屬暨各使究無恙否請轉總署查明
速復海有

致南洋大臣劉電六月二十八日

請轉軍機處遵六月初三
旨向外部切實聲明據稱使臣遭害辱國太甚當力陳中國決
無開釁意克使爲亂黨戕害
朝廷惋惜殊深彼謂須確查再商因此官民甚怒頗有爲難
之勢幸有巡捕保護尚無他變彼雖云無瓜分意亦不求
專利殊未敢信刻派新使刷次士潭幷派兵二萬來華深

恐憤兵不分玉石民遭塗炭正擬請

旨爲德使電唁并許辦犯免彼藉口因外部突禁中國發碼電

不果奉

國書及廿一

旨適德王避暑海口譯交外部轉呈彼詰問克使眷屬臣許以查明再覆容得覆書另行電奏外竊思爲今之計宜乘各

國兵未集先自靖亂免致藉詞要挾或請駐京各使居間排解各國易聽亦釜底抽薪之法臣覩此時勢憂憤交深

外部屢言論情形不應再接待雖無逐客令已不以使臣相待臣不敢心存觀望但恐往晤被阻反難轉圜現蹔派

參贊廣音泰代爲傳說以免齟齬謹披瀝上陳請代奏海
寰叩江此電由俄館轉
致南洋大臣劉電六月二十九日
請轉軍機處
國書欽遵譯送頃外部復稱中國
大皇帝電書已到惟未悉駐京各使館暨在京洋人被困情形
德使慘被殘殺如何懲償及如何設法足保將來按照公
法禮法辦事以上未經查明之先
電書未能遽代呈遞云請代奏海寰叩
致南洋大臣劉電七月初二夜

旨云各使平安彼仍懷疑若令各使電達本國則疑釋氣平各館洋人無多殺之不武留質更激怒刻宜妥速送津以緩其兵然後整軍備戰乃爲有名可否密電榮相勸諭軍民或可感動時勢迫切痛哭上陳伏乞卓裁海蒙

致北洋大臣李電七月十六日

初八

諭旨及眞電譯交外部詳切聲明據稱各使護送無甚在把握故不放心止兵非一國專主德深知兩宮十分爲難幷勿仇視意請勿多慮內匪未靖顯見兵力不足故代平亂兵到後自見分曉再商辦云乞轉總署抒劉

張海諫

致上海道余電七月十七日英文

總署代寄德館洋電碼已交外部請轉公署

致上海道余電七月十七日

和蘭外部託寄駐京大臣格洋文電希速轉總署妥交并

先電復海篠

和外部電北京和蘭欽差大臣密碼電我已收到甚慰

和戰船一隻開往大沽接爾到上海居住以待後命外

部大臣璞福

致全權大臣李電七月二十日

外部覆稱初八

旨派兵護送赴津一節德與各國雖允准然貴政府已認制兵無權則所派之兵雖極鄭重設遇不遵令之兵及匪黨攻打各使人等彼等未能抵禦必致疏虞貴國既肯認真保護德甚願中朝從速力籌良法以踐前言倘仍猶豫或置不理設有變故應令中國

國家承當各國兵不日抵京原有顧全之心恐難遷就德與各國明告中朝各使館例不能損傷如再生變即將北京肇事人員性命財產抵償如貴大臣顧念中國利益速即電達

國家務按公法辦事勿再任意遲延云大局攸關謹據實奉
聞乞卑裁轉樞譯劉張海號
致全權大臣李電七月二十日
咸電譯交但云存案不置准駁意似默許恐非兵到難遽
開議或先就近商德總領亦能轉達德新使刷次士渾將
到滬是一機會德現派瓦德齊爲帥并統各國軍各國已
認普法戰會同毛奇畢司馬立功頗著名七月二十七攜
眷及爲謀五十人來華同駐滬若與議結似更便捷密聞
祈鈞裁號電外部語太橫事關大局不敢不電使臣無從
與辯祈轉達樞譯再德羅林漢納根及眷現在何處乞電

示海禡

致全權大臣李電七月二十一日

號電內另籌艮法探外部意即美法覆書會同辦理之法云海馬

致上海道余電七月二十一日

和外部寄和使電乞轉總署妥交先電復海箇　和外部電北京和蘭欽差大臣仿照爾之同僚行事璞福

致全權大臣李電七月二十二日

外部覆稱德廷總以速將被困各使人等放出係中朝第一應辦之事萬難推却未辦以前無論所派何人德廷均

不能與商現救援事宜已交在華各統領斟酌其援救之
兵應否進京可由中國向各統領商辦云海潒

致南洋大臣劉電七月二十四日

聞
兩宮西狩不勝痛哭何人留守洋兵何日進京都中近情如何
盼速電示海敬

致全權大臣李電七月二十九日

德外部面告京中情形尚未查明中堂所授全權各國均
難遽認云海豔

致全權大臣李電八月初二日

卅電敬悉德使到滬若倩總領先容或可會晤瓦特齊已起行聞令駐華二年未知何意中堂全權揣各國意因
兩宮出幸誰秉國政且此
旨未經總署知照各使專報籍詞挑剔德以俄爲從違請俄
皇邀德皇居間調停各國或可聽從回天之力全仗藎籌
聞京門糜爛
兩宮駐蹕何處曷勝痛哭心緒憤亂妄陳愚見用備芻蕘海豪

致全權大臣李電八月十三日

前上豪電西報節錄殊爲詫異彼來詢未認尙澈查務請秘之否則禁令愈嚴消息愈滯海元

致全權大臣李電 八月十七日

遵庚電婉告外部頃復稱德須知

兩宮權力及

駐蹕處權力果不旁落方可與所派之人議事其全權實據應由新使刷次士潭驗明如果合式再聽國家暨德公使與各國商議德力勸中國不必開議先將仇視洋人之事一律停止則和局易商於中國最有利益云海篠

致全權大臣李電 八月十七日

寒電轉告據稱辦法已詳篠電不另復前請添派慶邸已

奉

旨否如奏
旨祈徑告刷使并電示海洽
致上海道余電八月二十六日
轉慶親王
王爺鈞鑒咸電遵告外部據稱刻尙不能議事德廷意在
先將肇亂之人查明交出已知照各國政府轉電各駐使
遵照辦理云海寰叩宥
致南洋大臣劉電閏八月初二日
德外部久不接待宥電遣賡參贊婉告剖析利害彼不置
可否竟難理喩曷勝焦憤乞轉香帥海歌

致南洋大臣劉電閏八月初二日

和外部覆稱迭次函悉和廷甚惜中國北京之事以致停阻往來交情和與中不作爲開釁和使館被殘信係亂匪所爲非中國意料所及中國已派全權大臣議和所有和國及和人民在北京及他處被毀産業中國自然從速照賠現擬飭開單由駐使轉交云祈轉慶邸并李張海歌

致南洋大臣劉電閏八月初九日

行在初二電傳

國書德外部訂十二遞據稱德使已將

國書電達政府德皇已有復書交德使云乞代奏海寰叩

佳并轉慶李

致南洋大臣劉電閏八月十一日由俄發

密電敬悉德自奉

國書雖未盡譯已有轉機德復書譯華已電達海眞

致南洋大臣劉電閏八月十三日

國書已遞外部云覆書交德使專呈并另頒訓條飭使議辦

其書已登報請查奏等語茲謹撮要譯呈其文曰

大皇帝來電已閱欣悉

大皇帝擬將兇殺德使辱及文化之事按照華例賜祭奠醊作

爲償恤然予身爲德主世守耶穌教規似此兇惡之事礙

難遽以貧醊了結此次傳教及奉教之人慘遭荼毒不可
勝計其冤魂亦非貧祭所能解釋便臣公署各國所重向
無抑害之理而中國反是且各國商民教士及
大皇帝屬下子民崇奉與同教者均無故被害聞之無不悽慘
然予不罪責於
大皇帝維倡首肇亂擾害生靈主謀辦事之大臣既自肇禍即
屬罪有應得如
大皇帝能治以應得之罪則予固可釋然倘肯照辦并允被辱
各國派代君行權之人贊襄其事即可允行
大皇帝如能回京尤所深喜當飭瓦總帥不但遵照

大皇帝應得體制敬謹接待且可派兵護衛聽憑裁奪或有抗
法者亦可飭令幫剿和局亦所甚願但志在懲罰有罪及
所失盡爲彌補不缺日後各國寓華之人皆得安居樂業
無財產性命之憂其傳教從教諸人得以任便尤爲厚望
云云臣在德外部久不接待遇事遣參贊賡音泰傳話前
德通文各國意在索交罪首方肯開議迭飭賡音泰遵歷
次電
旨以民教相鬩事起倉猝實非
朝廷本意亦非
朝廷意料所及反覆理喩臣又以情動之遂將中德歷年交

好前既有遇事相助之美意仍望追念舊好及早議和顧
全中國體制尤不可使中國有失自主之權函達外部尚
未接覆幸奉
國書從優賜祭其復電雖有不足之言已有轉意惟仍以嚴
懲禍首爲詞所頒德使訓條據外部面稱一須由各國駐
使查明中國擬罪諸王大臣是否眞正犯罪之人二須查
明中國自願治以何罪三須向中國索取切據擬定之罪
必見施行應令各使眼同辦理以爲確證此三節辦妥再
議和約賠款諸事云外部久已隔閡迭經疏通至十二日
始允接見德君出外

國書由臣面交外部轉呈并喻以大義彼憤氣稍平仍未能如常接洽臣奉使無狀不能挽迴狂瀾愧憤交并曷勝惶悚除俟克使梓柩回德時遵

旨辦理外謹先奏聞伏乞

聖鑒臣海寰即請代奏并轉慶李榮張

致湖廣總督張電九月初五日

江電已切告揣外部意但願

乘輿早回似尚無西進之意容得覆再電海寰

致南洋大臣劉電九月初七日

德外部函復中堂青電悉德皇現降諭允准查驗中朝所

派中堂暨各大臣之全權字據惟德皇所注意者必須中
國
朝廷即速回京以便易於商議且收實效中國庶可因而復
舊云請轉傳相海歌

致南洋大臣劉電 九月初七日

臣迭催外部速行開議昨始得復書據稱德王現已格外
允准查驗議和大臣全權字樣惟所注意者必須
朝廷回京方易商議且收實效中國庶可因而復舊等語臣
默察各國意見似均願從速議結即德國亦漸有轉圜之
機惟一日不回京人心即一日不定且奏報難免遲滯和

議勢必久延深恐各國藉詞另生枝節天下大局致爲牽
動竊思
乘輿西幸誠非得已發亟雖固未可久持況各國使臣有駐京
之名若
駐蹕西安將來通問遞書亦難拒其不來所謂我能往寇亦能
往情勢昭然究非萬全之策似不如俯如各國所請以顧
邦交而安人心可否
飭下全權王大臣預與各使臣從速議定迎護切實章程指日
還
蹕俾和局早成天下幸甚迫切上陳曷勝惶悚臣呂海寰叩請

代奏歌并轉慶李張

致南洋大臣劉電九月十四日

初五日電奏計邀

聖鑒近因德外部更調往賀晤談問及德主復書是否呈覽并

云德主顧念邦交深盼

朝廷回京已准瓦帥剛使與王大臣議事中國果能照德所

議辦理將來兩國交誼更固北京爲根本重地早日

回鑾和議可早成東南各省亦即安靜等語臣答以所議只要

與中國體制無損

朝廷仍不改敦睦之誼言詞間似有盼復之意可否再

答電書以酬其勸篤之請以示我和好之意伏乞
宸斷非微臣所敢擅請謹據實瀝陳呂海寰叩願請代奏并轉
慶李張

致南洋大臣劉電九月十六日

頃奉慶邸電悉惟前香帥電剛病故毓自盡外部均不信官商各報議論紛紛是否確實乞速密示俟覆後再將此電轉達免彼懷疑致和議掣肘海諫速轉慶李前寄歌元願電均轉奏否乞示

致湖廣總督張電九月二十日

遵咸電已向外部更正佳電照轉據照業得駐使電稟矣

海寄

致南洋大臣劉電九月二十五日

敬電謹悉俄轉歌電因通使赴黑海未回故遲元電已請朗使代查海有

致南洋大臣劉電九月二十六日

密諫電覽否懲罪有關

國體屢經力爭頃得盛電剛故毓遣王大臣分別圈禁革調當即譯交外部告以親王至革爵爲最重又復圈禁核與西律弑逆只監禁者已屬加等各大臣分別懲辦在

中朝已斟酌至當實屬格外從重歐州每以華刑爲酷今反

逼令加重殊不近情況各王公大臣志在保國不得謂之
不忠斷無不分輕重概與駢誅之理董執兵柄操之太急
勢必變生肘腋仍應請
中朝相機自辦不可再爲催逼聞之似亦憬悟允與各國再
商又告以瓦帥在華武威已振勿再派兵前進致小民蹂
躪況誘踞保定西陵戕害大員舉國尤爲憤激亦應早退
以安衆心請飭撤隊議結彼云德廷亦願早結惟瓦帥係
八國統領本部不能遥制又告以德君屢言仍願與中國
交好若奏請速頒訓條飭其停戰速議當無不從反復辯
論彼允與各國會商并云今日瓦帥與王爺會晤和議不

日可成聯軍自然撤退容日再覆等語王爺是否與瓦帥已見尙受商否各使議欵西報已登聞美廷大半不以爲然已飭康使居間調停確否謹先密聞傅相諫電已敬悉曷勝焦憤餘得覆再電以上均請秘密海宥祈轉慶李張

致鐵路大臣盛電十月初二日

廿六日奉

國電適德君下鄉廿七譯交外部李和芬頃據稱已代遞候德君回柏林有信再告云乞先代奏海寰叩冬并轉慶李劉張

致南洋大臣劉電十月初九日

密東陽電敬悉切詢外部德無西逼意懲首禍屢經磋磨語氣稍鬆董事剖說利害似可從緩毓遵電詳告唯諄囑議款速允深盼

兩宮回鑾答以不損中國自主權

中朝亦願速結和議有成方能

回鑾云聞各款經各國會商已交駉使候八國合齊呈遞祈轉

慶邸李張海佳

致南洋大臣劉電十月十四日

佳電計覽尊遇電當告外部據稱洋兵進止統歸瓦帥調遣然德廷却無西進議云海元

上慶親王電十月二十日

諫篠電敬悉切商外部據稱已得刷電要全權憑據係照向例非一國意亦非藉詞挑剔告以華例向只錄

旨令王爺中堂電請錄

旨用寶更爲鄭重請飭催開議以免延誤外部允再發訓條飭刷使一面先行開議云海效

致湖廣總督張電十月二十日

儉電敬悉卓見甚佩據外部稱西廿一各使可交中國當必行知勿庸再開各使均得全權訓條其各款內如何詳細聲明之處即本部尚未知悉至各欵總綱洋報已宣中

外皆知云切商終不肯明言城下之盟恐多要挾曷勝焦憤海卅

致南洋大臣劉電十一月初二日

勘電敬悉遵即切告外部聞各款明日交議可行者請速允云海冬

致南洋大臣劉電十一月初二日

冬電計覽密各國定議各款不允聯軍不撤要挾殊甚昨與外部剖辯語意間如中國萬難允許者或容磋商其可行者我速允則難允之款我亦有詞請轉慶邸李張均祈秘密海江

致南洋大臣劉電光緒二十七年正月初二日

辦罪一節屢經辯論奉鹽電又見外部剖晰更將趙之罪浮於情及撫蘇政治民情愛戴辦理交涉并無薄待西人之處劉切詳言外部允電穆使云乞轉香帆海江

致南洋大臣劉電正月初二日

外部函約往晤據稱和議未結以前中國最好不與他國及公司定約將土地銀錢等利益相讓於中國甚有裨益請代奏云海鹽并轉慶李張

致南洋大臣劉電正月初三日

外部云德所注意者在懲罪賠費此事議結後再商如何

便於
朝廷還京之處祈卓裁代奏海鹽二并轉慶李張
致南洋大臣劉電正月初四日
宙密鹽電計覽禁與公司定約是束縛我非裨益我也當駁其干我內政彼婉詞分辯并言已飭穆使轉達英廷亦同此意云揣德意恐各國乘機奪利彼現爲聯軍領袖不能不思沾利益又不肯遽言查新報載美將承辦粵漢各礦買與蘆漢公司又美公司擬許借中國三百兆元或因此二事發端亦未可定因交涉所關甚鉅謹再密陳請轉慶李張均求秘之海歌

致鐵路大臣盛電正月十一日

蒸電

國書初二譯交外部據稱恐辦不到爲中國計仍以借總債歸還一了百了免致轇轕爲是若分年償還不但煩瑣且受人挾制各國或藉侵利權當將爲難實情縷晰剖辯彼允爲照遞有復書再送等語屢經往催昨始明言闗各國均不復德亦不答云聞德廷命意所在彼亦未肯直言查新報載德水陸兵費已用百五十七兆馬現又續籌一年備用兵費二十兆馬有零商教各款不在內如明年西三月以前各兵或全撤或酌裁可從減等語觀此則躭延愈

久償款愈多公約似宜速結庶兵早撤而費稍省請代奏
海寰叩元并轉慶李劉張
致鐵路大臣盛電正月十二日
宙密遵
旨密商德外部據稱須與英日公商候有辦法再告云西報均
訾俄在我事處兩難倘能公約先結大局早定可免效尤
或有仗義助我之人否恐枝節叢生愈難收束俟得外部
的實辦法再行復命乞先代奏海寰叩咸請轉發李劉張
致鐵路大臣盛電正月十九日
奉

旨後迭商外部頃據云自中外事起德廷於應議各事不願與
各政府互商向飭駐使公同在京會議因而德之初意所
在多有未能辦到者然照此辦法與中國所商之事業已
稍有頭緒滿洲事亦應照辦故德廷不肯爲各使另出主
意不知
中朝能按照議和行文辦法通知各國駐使否德廷已發訓
條飭穆使一俟中國知照即可會同各使在京公商等語
聞英日現正籌畫此事英已經詢俄廷滿洲約是久是暫
俄尚無回信可否請飭全權速行照會各使在京公同商
辦較爲得力伏乞

聖裁海寰叩祈代奏并轉慶李劉張

致南洋大臣劉電 正月二十日

效電計覽遵巧電切商外部據稱英已徑詢俄政府俄如復英德亦知悉不必再問日使來詢本部曾以效電之意答之中國財利地土德廷不願有所損傷再三婉商允為再發訓條飭穆使仍候中國知照後迅速在京與各使公商云曾否知照各使殊切憂急海號祈轉慶李張

致南洋大臣劉電 正月二十一日

宙密效號電計覽德於滿洲并無利益英日最有關係倘力懇其出而排解事或有濟則德亦不甘居後德與俄隣

其不肯為我開罪於俄勢所必然日為切膚我若畫押未
必不先藉口英既以久約鞏約詢俄則英或有辦法海屢
商外部彼總以穆使在京與各使公商為詞是否助我抑
另有寓意殊難揣測各使倘能公同調停則公約速結再
商俄約乃為上策聞德索兵費三百兆如西四月以前兵
不能撤尚須加增曷勝焦憤海密陳箇乞轉樞垣并李張

致南洋大臣劉電正月二十八日

昨德相畢魯在議院昌言曰和議最要者兩端一敵覽首
禍前擬治以死罪今稍從寬不分官之大小以有罪無罪
為斷

醇王來德一節我皇甚喜然須和局定後方可接待二賠款除軍費外商教亦應索償惟款須有著而仍不傷中國財力已與諳華情者相商均謂不宜干預華內政亦不宜稽查一切進項以海關作抵爲最要銀價日落華已吃虧稍加關稅亦屬所宜至鹽釐等應否加增須詳察再定或謂應廢釐金者是干華內政我政府不甚謂然倘中國辦法未能盡如各國意應代籌理財善策德兵何時可撤以華人辦事遲速爲斷賠款有著兵即可撤回去年德英條約一保中國土地二保英德在華商務與滿洲事無涉德在滿洲無多商務存亡無干然德不願中國國產任意棄

置國債甚鉅各債主亦不願其浪擲如有專約牽涉中國財力我國斷不坐視幸各國立論均謂在華不求專利有則公之唯公司數家乘機索利若不嚴阻恐華財力將盡我無所取華使來商滿洲事答以歸駐京使公商爲妥有謂俄德相持不下者此說無稽要知俄專注北省與德無涉德廷辦事大意在保全太平勿損己利益各國或有爭端德必守局外例我行我法不爲他人指使我德總以華事速結爲宜遇事公平妥商如各存意見亦必竭力排解等語謹撮要電聞海勘乞轉樞垣并慶李張

致鐵路大臣盛電　二月初六日

遵冬江

旨屢向外部懇其徑達俄廷展限德終不允并咨我不照效電照會駐京各使爲辭再三切商據稱別無辦法又詢以俄若決裂恐牽動公約答云公約事德諒能在京照常辦理海寰叩魚請代奏并轉慶李劉張

致鐵路大臣盛電 二月初十日

來電遵辦據稱爲中國計俄約仍照效電在京公商爲妥不另覆矣京俄兩約本非一事可同時并議但俄約不宜混入京約致京約延宕倘俄約辦至畫押或同時或先後均可然俄約究能成否尚難逆料而與公約無涉云海佳

轉劉張慶李

致鐵路大臣盛電二月十一日

宙密俄約事遵

旨屢商外部彼總以效電爲辭詢以若允俄約各國如何彼云視允俄何利爲斷滿洲鄰俄俄宜關心他國難詰責英德約與滿洲無涉又詢以俄如決裂不還滿洲若何彼云俄既允各國撤兵歸地想應踐言可勿過慮昨又往切商仍堅執效電辦法又詢以京約是否停議彼云未停唯格使因滿約屢未與議現京約最要在償款款有着兵可撤他事較易商德甚願早結云謹再密陳海寘乞轉樞并慶李

劉張佳電請轉樞

致鐵路大臣盛電二月十三日

宙密海奉使無狀中德未能浹洽尙不以公事論遇事僅通融商量密碼迄未弛禁彼國緊要之事不得不由他館代電以冀消息靈通藉知虛實倘有宣露一被詰問將來更難措手凡電經外部畫諾由柏林遞發者儘可援引餘則務求秘密束縛情形懇乞鑒原爲叩海元轉樞垣并慶李劉張

致湖廣總督張電二月十三日

遵眞電切商外部候得覆再電海寰

致南洋大臣劉電二月二十五日

宥密遵效電切商外部據稱禁購本非德意俟賠償有著再轉商各國德不從中爲難談及償款難籌彼云加稅德以爲然聞英不允當極力調停或籌一折中法以金抽稅計可暗加鎊五若款無著兵難撤則償費日增云特密聞海有并轉慶李張

致湖廣總督張電二月初四日

徑宥電遵照譯交頃接覆稱所有應議各事統交穆使料理償款亦在內北京如何議法無從懸揣遙確復已電飭穆使倘張帥有詢商事件務盡心詳告請轉達張帥徑

與穆使接洽云海豪

致湖廣總督張電二月初九日

頃接外部密稱鄂督所願聯軍速退一節德甚謂然亦願竭力贊成惟各國看法有不盡與德同者但德視撤兵關鍵專在償款若有頭緒亦願力勸各國退兵開償款難籌如鄂督有實在辦法即請密電駐德華使轉達本部倘事在可行自當格外遷就并設法轉勸各國照允此爲顧全中國大局起見鄂督志在保國故本部格外相助等語務請秘密海佳

致

行在軍機處電二月初九日

江督電未奉到遵冬電婉切商外部昨又催詢據稱償款約共六十五兆鎊借債須八十五兆鎊方得此數款鉅難籌自係實情至加稅事已派員赴英逕商英雖推諉德不鬆勁想可望成德願華事速結云海佳

致南洋大臣劉電二月十一日

昨外部密稱聯軍撤否以償款爲斷鬧鄂督爲償款甚着急如有實在辦法不妨密告事苟可行德必格外遷就并助華力勸各國照允可否將此意轉電等語已密電香帥矣問其用意所在又密言鬧爲償款事有從中漁利者恐

華官爲其所惑故德願知中國本意所在云仍乞秘密以
免外洩并轉樞譯慶李張海蒸
致湖廣總督張電三月十六日
宙密藥電遵告外部意似可商又告以十年攤還不加算
息更妙據稱利息一層刻尙議不及此鄂督辦法已電繆
使查看情形候電到再復云海諫
致鐵路大臣盛電三月十九日
洋貨加稅并將免稅者酌抽輕稅者酌增按照洋藥稅釐
併徵之法辦理無論値百抽五抽十統以金交納按時估
價果能辦到所增當甚鉅以金交納辦法約有五端一貨

物在原造地方購價之數二該貨由原造地方販至中國海口所需車船運費之數三該貨保險費駁船費及一切商家經手等費之數四以上三項共成若干總作爲貨殖之數照此核算抽稅均以底帳爲憑五稅金每日所收若干即交各銀行代存按日計息既可得有餘利且免將來付洋債時用銀買金鎊抬價折耗之虧唯各海關火耗平餘全免似應稍加津貼以免辦公竭蹶方能永無流弊查此次賠款過鉅借債虧折太多擬將償款四百五十兆兩勻分十年照各國應得之數經付各國國家如能不加利息更妙倘或稍加利息即在四五釐之間所付之利亦不

過百兆零較七折借債可省三百餘兆兩乃爲合算時事所迫不勝憤急愚見備採乞轉樞垣譯署用否代奏請旨裁幷轉慶李張海效

致湖廣總督張電三月二十二日

巧咢電均悉外部意不願丁捐作抵探得實在辦法另電海養

致南洋大臣劉電三月二十二日

宙密遵電切商外部據稱丁捐恐別生事端而加稅英仍不允昨英商又紛紛稟阻德亦無法告以加稅事關邦交非商所能阻借債虧折太多現銀難措仍望代籌良策彼

云此時借債銀行自必居奇爲中國計應賠某國若干即立欠票若干交某國持據暨不還本每年先按本出息俟數年大定後另籌還本之法或再借債亦不至受人挾制日後還本若干利即遞減如此變通實大有益告以中國實係無力仍請德國倡首將賠數減讓再能免去利息分年還本更見交情彼云賠款四百五十兆兩無可再減利斷難免反復商議彼云至少須四釐每年出利十八兆兩中國不致爲難以欠票爲據以從前借債未經押出之進欵作抵既有實在着落聯軍即可撤退告以中國現在極力變法需欵甚繁若將進欵作抵非加稅無從籌備仍望

貴國贊助彼云加稅一節先將償款議結聯兵出京後國家照常辦事再與各國從容商議自可望成云云但據稱此係彼之私意與各國尚未商妥囑聖緩電華唯大局攸關恐誤事機特摘要密陳或作傳聞之說與各使商辦勿泄海電以免掣肘爲幸海漾乞轉樞并慶李張

致湖廣總督張電三月二十九日

感電悉丁捐作抵外部謂此中國創辦之事苛取於民必致生變德不願招民怨且虛懸無著成否難料既以償款爲重何不以稅釐鹽漕作抵而以空款塞責語甚決斷漾電覽否海鹽

致鐵路大臣盛電 四月初二日

頃晤外部據稱德國軍費民商償款共約二百五十兆馬克如不付現須年利四釐行息其頭批利定於西明年正月一號付以後如何歸本付利以何項作保須即會商訂章中國能均允辦請降

旨照准送與穆使查閱則德兵大隊當立撤歸唯聞保定一帶又有仇洋事起中國須先從速戡定以爲撤兵張本德國倡撤各國諒必從風否則多遲一日賠款多費一日請達江鄂二督云海東乞轉劉張并樞譯慶李先電復

致南洋大臣劉電 四月初九日

冬電覽否聞德皇電調甲艦回國并飭撤帥減兵云與穆
使議已妥否念甚乞轉樞譯慶張海佳

致鐵路大臣盛電四月十一日

冬電轉否乞速復海眞

致鐵路大臣盛電四月十三日

頃晤外部據稱償款并息已奉
旨認付全權請早撤兵茲奉德君特諭撤帥并將德兵調回僅
留四分之一如和約及早全行議妥亦撤倘別生枝節撤
兵恐須另議至專使來往道歉現可舉行屆時當以優禮
接待柏林駐使赴宮禮節及往來電報一律照舊嗣後可

友睦如初云轉樞譯代奏海寰叩覃并轉李劉張

致南洋大臣劉電四月廿五日

覃電覽否元電敬悉德瓦帥不日回國聞現包十三艘并搭用公司船陸續運兵約萬八九千人西七月底可全登程暫留三四千駐華其兵船除四甲艦已調歸外尚留華快船四大兩小礮船四魚雷三請轉樞譯慶李張海咸

致湖廣總督張電五月初二日

外部稱頃接津電華兵擬由保定乘火車赴京德法統領因未預商故不准行相持恐生枝節現力勸華兵暫停勿進并嚴飭華兵官勿作違理之事速向德法統領商允再

進否必滋事請速電鄂督云兵將全撤勿再予人口實事關大局請速轉飭并轉慶李劉袁海東

致湖廣總督張電五月初四日

冬電計覽外部稱德廷甚惜袁撫丁憂能不解任實於大局有益德爲顧全東省起見并非干華內政請電鄂督云并轉發李劉海豪

上慶親王電四月十七日

王爺鈞安咸電敬悉覃電鑒否探聞德君避暑須秋末始可回醇邸何時啟節早到久候似不相宜定期乞先電示

醇邸前叩安海篠

上慶親王電 四月二十二日由俄轉

篠電覽悉靜候覆電照會外部頃晤該部據稱德君西八月下旬回柏林九月初二閱操屆時

醇邸來臨相宜云探聞德主有飭備皇宮駐節之意未知參隨共幾人然未便均駐於彼且禮節完後似以住外爲便應另覓寬廠寓所以符體制至折努阿下船住店及赴德火車均須預爲布置乞轉商

醇邸如已派人承辦一切甚妙倘有飭海備辦之事祈先電示以便遵行應送禮物想已備齊唯去年德儲分宮大

署四月江電所備禮物曾否頒發如能一併携來尤爲周
到致賀
國書外部前言俟禮到後同遞併聞海養

上慶親王電 四月二十六日

篠養電均覽否西報傳
醇邸明日啟節確否乞查前電速示遵行爲叩海寗

上慶親王電 四月二十七日

頃外部照稱穆使電請
醇王來德日期奉德皇諭西九月二號閱兵之便接見等
因特聞海感

致醇親王參贊蔭都護電五月初七日

五樓鑒西報喧傳醇邸隨員二十跟役五十確否上下確數若干處所應如何備辦轀輬是否黃色立候電復轉禀賡音泰陽

上慶親王電五月初九日

王爺鈞鑒李希德爾事德廷已照准海叩佳

致湖廣總督張電五月十六日

遵陽元電詳細切商力勸相助據稱江鄂督辦事德甚感佩唯此係各國公共事難獨作主可囑兩帥照來電逕告穆使或滬漢領事轉商各國俟穆使來電再議云請其先

電穆使接洽亦允照辦乞轉峴帥海諫

致南洋大臣劉電五月二十四日

頃外部照復教務事已電穆使屆時與各使妥商餘與諫電同祈轉香帥海敬

上醇親王電六月十九日

王爺鈞安聞德皇定西八月廿七接見外部囑請王爺將頌辭底稿先行知照擬撰答詞勿遲爲幸等因乞速將頌辭電示轉交爲盼至隨從上下人等並求分別詳細電示以便預備客寓車票免致臨時遲誤海當至折努阿萘迓

邸駕並派德林至那波利前導立候電復海寰叩效

致南洋大臣劉電六月十九日

諫電敬悉遵晤外部剴切婉商彼允電穆使查看情形再定云先聞海效

致鐵路大臣盛電七月初六日

醇邸遞書禮節屢詢無確耗正在起身往接於禮官處得
國電頃已收到悉廿七德皇在白廳坐見
王爺行三鞠躬禮遞書致頌其參贊隨同入見者均照中
國臣下覲君禮叩首據云此次係賠禮非尋常聘使可比

不知會與穆使商及否唯大局攸關時甚迫促海現力爭能否挽回未敢預必除電醇邸請示外乞速商穆使電示海魚新速轉慶李劉張並樞譯

上醇親王電七月初六日

王爺鈞鑒遞書禮節屢詢無確耗正在起身來接於禮官處得悉廿七德皇在白廳坐見

王爺行三鞠躬禮遞書致頌其參隨同入見者均照中國臣下覲君禮叩首據云此次係賠禮非尋常聘使可比不知會與穆使商及否唯大局攸關時甚迫促海現力爭能

否挽回未敢預必乞
王爺暨燕謀午樓諸兄速籌良策訓示爲盼海魚
致鐵路大臣盛電七月初七日
魚電覽否參贊等按中國見君禮叩首一節屢與外部及
大禮官爭辯迄未就範焦憤萬分唯廕昌因繙譯尚可通
融未知穆使能轉圜否海陽請轉慶李劉張并樞譯
致鐵路大臣盛電七月初七日
國電祗領適德君在鄉遵即譯交外部轉呈海寰叩虞乞轉
樞垣先代奏
致南洋大臣劉電七月初七日

咭電轉達外部乞爲代奏請轉鄂粵督海虞

上醇親王電七月初七日

王爺鈞鑒魚電覽悉參贊隨見叩頭一節屢與外部及大禮官爭辯迄未就範焦憤萬分據禮官云德皇備專車一輛在佛郎伐迎接併聞餘容面稟海遇

上慶親王電七月初九日

王爺鈞鑒海連日爭辯禮節憂憤之至今早至折努阿迎接　醇邸又路上受暑觸動舊症眩暈不能起立折努阿天氣太熱亟須赴瑞士調理實出無法乞恕罪

醇邸十一始到口諸事已預備妥當已派李德順在此伺

候請放心海叩佳

上慶親王李傅相電七月十一日

王爺中堂鈞鑒海赴瑞養病佳電已稟頃讀卦電藎籌極是海雖在瑞電達柏林頃刻可到當授賡音泰機宜囑其設法挽回惟海與外部及禮官反復爭辯已盡所言恐彼堅執難以理喻但盼穆使肯助或可轉圜頃又接電外部傳德皇諭駐德呂使隨帶一員均隨行覲見禮居然故違公法聞之不勝氣憤病更增劇特聞海叩軫

附錄參贊官賡電七月十一日未刻

晤外部知穆使電已呈宰相尚無下文告以得慶李劉

電均不以爲然務請設法轉圜彼謂祇使實係欺慢我
國太甚恐難挽回捐免行禮萬不能辦貴國實有此禮
況專使賠禮而來耶蔭昌事已奏德皇批迴仍尚未定
告以憲赴瑞士養病廿七恐不能回渠甚可惜事急時
促業經電稟慶李劉張樞譯
醇邸外賡音泰謹稟眞

上醇親王電七月十一日

譯署卦電遵告外部據稱此次中國遣親王等係爲賠
禮而來即應照中國禮賠罪告以
慶邸李相劉督來電均不爲然應請設法相助免行此

禮答以德皇以戕使欺慢德國甚深恐難挽回五樓能
否免禮仍未定除逕電
慶邸李相外廣音泰特稟覆
上醇親王電七月十二日
王爺鈞安跪叩一節屢與外部爭辯迄無更改據稱中
國與德國係平行所以見德皇亦須行華禮廕昌仍以
參贊看待如免廕昌置張翼於何地云廣音泰稟文
上醇親王電七月十二日
王爺鈞鑒使電遵密告外部據大司員稱德皇十四日
禮拜二午時接見事業已預備齊全定期諒難更改且

親王宰相及各大臣均飭令伺候如
王爺因病不到德皇以爲藐視益見中國無重敦舊好
之意深恐另生枝節且謂此事有關兩國交誼云應否
轉電
慶邸伏乞鈞裁禮節單已見
王爺行三鞠躬禮餘行跪拜禮辯論再三並與大司員
作爲私談求其從中相助以全兩國體面能否通融俟
見正外部即速電稟廕昌泰謹稟侵

上醇親王電七月十二日子刻
王爺鈞鑒晤正外部知定期接見不能更改跪禮辯論

再三求其通融渠云或改爲請安如何但此係私意尙
求知宰相能照准否明晨聽信云廕昌泰稟侵子

上醇親王電 七月十二日

王爺鈞安遵覃電逕告外部據稱德皇已有訓條十四
禮節一律停止
王爺祇可說因病不來請安一層能否通融尙未得宰
相回音恐亦難辦李希特爾已往見德皇
王爺力疾來德祈懇緩辦云應否電達政府祈鈞裁後
事如何結局想李希得爾必逕電稟廕昌泰謹稟元

致鐵路大臣盛

禮節事已成騎虎愈辯愈堅刻下外部不容再商若徒恃
在德爭論恐致決裂日後即難再往焦急萬分可否咨各
國原議公約使臣將受書禮節另行持平訂定以昭公論
之處愚見伏乞鈞裁事關大局迫切之至海諫祈轉慶李
樞譯自瑞士發

上醇親王電

效號電敬悉頃知德皇六號出巡日內尚可接見現與外
部大員克勒梅再三切商據稱
王爺來必定接見唯免去下跪一節可請
王爺照致賡音泰德文信辦法照會外部轉懇德皇邀免

如德皇不允即照全權嘯電辦法携僉楷理赓音泰遞書
德皇允否亦須請示至
王爺照會外部是否用電抑須
王爺備文面交外部之處候請示外部大臣定奪再給回
信云此事稍有轉機除候得外部確信再行電稟外時促
祈先預備行裝以免屆時躭延海昨晚亥刻到署海寰叩
稟號

上醇親王電

頃晤外部司員克勒梅據云奉德皇諭格外加恩免去跪
拜禮惟遞

國書時只能帶蔭昌一人藉作繙譯其餘參隨等亦可同來均住坡次達姆皇宮時促務於今晚約十一鐘成行明年後三鐘抵柏林稍息往晤外部面商一切并云如逾西本月四五兩號則不接見矣云云照會外部之文時迫亦可暫緩除電兩全權外啟節祈先電示海號酉

致鐵路大臣盛電

跪拜禮屢與磋磨迄未就範聞德皇西九月六號出巡過期即不接見

醇邸十分焦急今早又見外部司員克勒棉劉切婉商剋已奉德皇諭跪拜禮允免遞書時只帶蔭昌一人俱行三

鞠躬禮餘均不見仍請駐皇宫已電
醇邸今夜啓節明日兩點鐘到柏林先電闞海爵商請轉
慶李劉張樞譯并李木使

致鐵路大臣盛電

醇邸今日申刻安抵德國波斯達姆住宫明午遞書容再
電請轉慶李劉張並樞譯海箇

致鐵路大臣盛電

今日十二點半
醇邸帶蔭昌作繙譯呈遞
國書致頌詞德皇坐受其餘參贊等六人在旁殿伺候禮畢

隨同
醇邸出德皇當即回拜明日見德后後出宮乞轉慶李劉
張並樞譯海養

致鐵路大臣盛電

頃據外部照稱德皇已有復電飭穆使敬謹轉呈代謝慰
唁云乞轉
行在樞譯請代奏並轉慶李海鹽

致鐵路大臣盛電

頃據復稱已飭穆使代謝慰唁云乞轉劉張陶三帥海鹽

庚子海外紀事卷二

欽差出使德國和國大臣署理外務部左侍郎都察院左都御史臣呂海寰編次

來電光緒二十六年五月起

收出使俄國大臣楊電五月十七日

報言均確大局極危詳函在途儒銑

收出使俄國大臣楊電五月二十一日

水旱電線均斷消息不通各使館恐均難保以一國而攖衆怒可謂千古奇變進署係啟秀那桐溥興并端而四端最信拳匪素昧外交故有此舉都中閉城其亂可知北望京華憂心如擣儒

收出使俄國大臣楊電五月二十二日

昨晚各報消息稍好但願前傳各事均不確實然即就此議賠已屬不了尊處如別有所聞亦望見示儒養

收出使俄國大臣楊電五月二十四日

沽台被據俄海部已得電音都門久斷消息北望唯有痛哭外部言俄皇決意保中國已調兵四千赴京自衛且助剿有聞再達儒敬

收南洋大臣劉電五月二十五日

北事危急長江一帶洋商教士坤與香帥極力保護鎮靜設法斷不疏虞祈告彼國政府電飭水師無須分兵代籌

以免驚擾地方滋生事端有礙商務如彼國有調艦侵佔
意務請設法婉阻切叩坤敬
收北洋大臣李電五月二十五日
鴻將入
覲唯大沽台船互擊并非奉
旨各國是否作爲開釁希密探彼政府注意所在如可商量停
兵即日北上面奏先靖内亂再議善後望探彼口氣速電
復俾定行止鴻徑
收出使俄國大臣楊電五月二十五日
函悉頃接杏蓀復電各國兵到京與匪巷戰匪退沽礮臺

各國踞合肥內召云儒有

收上海道余電五月二十五日

漾電已託盛杏蓀設法轉覆到另電聞近日英領欲派艦入長江兼護淞台經峴帥以力任保護教商鎮靜密防可保無虞却之乞轉告德政府萬勿派兵艦入江免江氓造謠生事百姓驚擾轉於中外大局無裨爲要傳相入京大約爲善後事惟毀殺過多辦結不易奈何沅有

收北洋大臣李電五月二十六日

有電已節錄大意設法轉電樞譯惟近京各路電線均被匪斷音問不通頃聞廿四

旨拳民剿撫兩難衅端已開鴻即繞道前去無濟於事粵民攀

留甚切亦難久留德主注意若何仍祈隨時探示宥

收南洋大臣劉電五月二十七日午前十一點鐘

有電悉李已送電催德使平安坤沁

收上海道余電五月二十七日下午六點鐘

宥電悉北京各使均平安沅感

收出使俄國大臣楊電五月二十八日

宥感電悉北京仍無消息各館平安甚望其確沽役俄傷

人最多此間不作開戰看已電告傳相請其速行儒勘

收出使英國大臣羅電五月二十八日

傳相電北事大壞津租界全毀英提在路亦難保京無確報然必決裂事由端剛主操鴻勘午豐勘

收出使法國大臣裕電五月二十九日

勘電悉感佩法外部所論與尊處均同昨稱接確電各使無恙又津界打五天有領事被戕之說尚無續電同舟誼切有聞當彼此隨時電達祈放心庚豔

收出使英國大臣羅電五月二十九日

勘電敬悉沙侯云英政府注意保全英民性命產業絕無乘機強令中國變更政體家法之意現拳匪勢燄甚張中堂靖亂有把握固望即日北上而坐鎮兩粵以繫民心亦

屬要圖祈慎酌等語盛杏翁電廿三日署行文各使出京
豐豔
收直督李 鄂督張 湘撫俞電五月二十日
江督劉 皖撫王 東撫袁
請速將原電譯成洋文轉送外部務請配送華文免失語
氣其文曰北方會匪違·
旨滋事各國人口物業致遭損害京內京外數百里華商華民
財產焚毀億萬至戕殺日本保護隨員乃各官辦理不善
之故實非朝廷意料所及致各國兵艦進佔大沽礮臺大
局恐成決裂現在我
皇太后

皇上已電召李鴻章來京必係與各國妥商辦理免致失和惟
鴻章抵津尚須半月而各國日內進兵不已設或再有戰
事將來更難轉圜徒令各匪乘機肆惡平民多遭慘害今
各省督撫并未奉有開戰
諭旨可見朝廷并無失和之意務祈婉商各國政府迅電天津
各兵官勸各國暫行收兵停戰俟鴻章到京請
旨開議必當妥爲了結不啟戰禍官兵方能專力剿匪目下長
江沿海一帶各督撫力任保護之責諸國洋人均可無庸
顧慮若天津再有戰事則南方必將牽動事機危迫務祈
迅賜施行以上各節請楊星使即刻轉商外部感禱鴻章

坤一之洞世凱之春廉三全啟等語即望電復豐

收出使法國大臣裕電五月二十日

尊處接武昌公電後彼所答如何請密示庚卅

收南洋大臣劉電五月三十日

長江一帶各國商教坤與香帥力任保護不致疏虞現正與各領事商酌定約勿勞各國派兵艦入江以免地方驚疑匪徒乘機擾害祈轉商外部電飭各領事遵照領事當已電商奏望電復切禱坤卅

收出使英國大臣羅電六月初一日

傅相電頃電探津租界由拳匪亂兵攻毀英法添兵奪回

將同各國兵進京勢必不支英提西門聞已回津鴻續奉
旨再行希轉呂楊裕伍卅豐卅
收出使俄國大臣楊電六月初一日
卅悉各督撫公電已見俄決不欲開衅乃頃由濟南轉到
總署漾電云現因拳匪滋擾京城已准各使館派兵自衛
又復添兵前來商阻未允詎駐津總領事照會北洋內稱
各國水師提督請將大沽口各礮臺尅期交伊等收管顯
係首先開衅已於本日四點鐘由署照會各使於二十四
點鐘內帶同護館兵弁等赴津尊處行止可相機酌辦并
已飭滬道撥經費備用漾即轉羅裕呂伍徐大臣儒卅

收南洋大臣劉湖廣總督張電六月初二日

北事危迫惟急保東南待轉機坤洞飭滬道與各領議立九條　一會商保護辦法兩不相擾以保全中外商民人命產業為主　二滬租界歸各國公同保護　三長江及蘇杭內地洋商教士產業兩江兩湖允認切實保護現禁謠辦匪并咨各省飭屬照辦　四各口已有各國兵輪者照常停泊水手不得登岸　五各國如不待督撫商允竟派多輪入江等處致民懷疑啟釁毀壞商教人命財產事後中國不認賠　六吳淞及長江礮臺各國兵輪不可近臺及對臺停泊操練免誤犯　七滬製造局一帶各國兵

輪勿往游弋駐泊及派兵捕前往此局軍火專爲防剿土
匪保護中外商民之用督撫提用勿庸驚疑　八內地偏
僻未設防處教士洋人勿冒險往遊　九滬租界防護須
安靜辦理云內地人心浮動一經驚擾伏莽蠭起禍患難
測非此不能保全中外民命財產各領須電候本國示務
請速商外部照辦東南幸甚現奉電
旨各使館仍盡力保護坤洞東

收出使英國大臣羅電六月初一日

傳相電頃探電各國駐京使已同英水提出京距津十二
邁云即轉電各使鴻冬豐冬

收出使俄國大臣楊電六月初四日

傅相來電卅電悉總署漾電有行止相機酌辦字樣似未明言撤使各國外部當尙無逐客之意有公等在外或可維繫邦交惟迭據探電天津租界廿一被兵匪攻毁斃洋人百餘名各國兵在津外擊散兵匪廿八由津赴京現計京城有董宋兩軍協同神機營虎神營駐守如能力保使館大局或可挽回乃據東撫電有人廿六自京來稱廿四董兵殺比使廿五圍攻交民巷被焚只餘英館及西什庫兩處未克廿六仍在圍攻云是皆在漾電以後情形日變想各使未能赴津各口洋人十日未接京信均甚惶急儆

處奉到廿九
諭旨現在兵民交憤各使館均甚危迫我仍盡力保護等語祈
密轉羅裕呂李伍徐各秘覽東儒江
收湖廣總督張電六月初四日
前總署電各國駐使大臣有行止相機酌辦之語如無促
歸之
旨萬望妥酌以保大局洞支
收北洋大臣李電六月初六日
北京宮殿未聞被焚英日添調兵三萬餘不日當大戰鴻
隸午

收出使俄國大臣楊六月初六日

傳相來電山東袁撫支電頃有人卅自京來稱兵匪攻交民巷六七日仍有兩館未克聞係俄法館兵匪亦傷亡甚多等語祈密轉各使秘之鴻歌儒魚

收出使英國大臣羅電六月初六日

頃盛杏翁電德使斃等語外部詰問否祈電示豐魚

收出使俄國大臣楊電六月初七日

德使事似確外部云何祈示儒虞

收北電大臣李電六月初五日

榮相電德使在都被亂匪擊斃外無知者密籌有無消弭

之策鴻未奉電催不敢去與諸邸爭持諒之歌酉

收南洋大臣劉湖廣總督張電六月初八日

德使在京被戕祈代弟等極致哀悼惋惜坤洞陽午

收南洋大臣劉湖廣總督張電六月初八日

請告外部恐北方軍務愈緊東南人心擾動應聲明無論以後如何及長江蘇浙內地各國允不派兵弟等亦允按約保護所管省內各國人民財產坤洞陽

收南洋大臣劉電六月初八日

各國政府允如能保護內地洋人可不擾及東南各省各國水師在大沽會議亦謂專彈壓拳匪及自救本國人又

楊星使東電各國既不直認大沽之役爲開戰只可姑與羈縻署電既有酌字諸公藎謀自必斟酌妥善如能暫留各國以通聲氣而知外情且爲日後開議地步最好但請卓裁自行酌定不敢越俎代謀坤洞庚

收北洋大臣李電六月初九日

宣戰之旨並未行各省及各國政府聞是日各使赴總署議事不料亂兵團民中途戕德使實非政府指使亦非意料所及務徧布新報以釋疑怒鴻佳

收鐵路大臣盛電六月初九日

庚電濟南轉署京內兵匪十餘萬

內廷半拳匪

兩宮亦危宣

收南洋大臣劉電六月初十日

庚佳電悉堅定甚佩

兩宮在京尚安惟匪衆在肘腋可慮坤卦午

收出使法國大臣裕電六月十一日

蒸悉京信多日不通法英各使恐皆不保北望痛心疾首

庚眞

收南洋大臣劉電六月十二日

眞電悉德王電未接到坤文

收閩浙總督許電六月十二日

聞德使被害出意外乞代致外部慰問達惋惜忱駿元

收出使俄國大臣楊電六月十二日

報述貴體違和參贊代辦學生被擊有因否并復儒元

收南洋大臣劉電六月十二日

德皇電到具見保全民命一視同仁在京各使館人等前

奉

諭旨仍盡力保護至長江內各國商民教士弟與香帥一體力保斷不疎虞可請德皇放心祈達外部坤元

收上海道余電六月十四日

頃直隸藩台微電是月初四日由兵部六百里遞到軍機處交片初三日奉

旨此次中外開釁其間事機紛湊處處不順均非意計所及該大臣等遠隔重洋無由深悉情形即不能向各外部切實聲明達知中國本意特爲該大臣等縷晰言之先是直東兩省有一種亂民各就村落練習拳棒雜以神怪地方官失於覺察遂致相煽成風旬月之間幾於徧地皆是甚至沿及京城亦皆視若神奇翕然附和遂有桀黠之徒倡爲仇教之說五月中旬猝然發難焚燒教堂戕殺教民闔城洶洶勢不可過

當風聲初起之時各使請調洋兵到京保護使館朝廷以時勢頗迫慨然破格許之各國通計到京洋兵不下五百人此中國鄭重交邦之明證也各國在京使館平日與地方尙屬無怨無德而自入城以後未能專事保護或有時上城習槍或有時四出巡街屢有放槍傷人之事或任意游行幾於闌入東華門被阻始止於是兵民交憤異口同聲匪徒乘隙橫行燒殺教民益無忌憚各國遂添調洋兵中途爲亂黨截殺迄不能前蓋此時直東兩省之亂黨已鎔成一片不可開交矣朝廷非不欲將此等亂民下令痛剿而肘腋之間操之太促深恐各使館保護不及激成大禍亦恐直東兩省同時舉

事將兩省教士教民致無遺類所以不能不躊躇審顧者以此爾時不得已乃有令各使臣暫避至津之事正在彼此商議間突有德使克林德晨赴總署途中被亂民傷害之案德使蓋先日函約赴署因途擾亂未允如期候晤者也自出此案亂民益挾騎虎之勢並護送使臣赴津之舉亦不便輕率從事矣惟有飭保護使館之兵并益加嚴以慎防倉猝不料五月二十日即有大沽海口洋員面見守台提督羅榮光索讓礮臺之事謂如不允便當於明日二點鐘用力佔據羅榮光職守所在豈肯允讓乃至日果先開礮擊臺相持經日遂至不守自此兵端已啓卻非衅自我開且中國即不自量亦

何能與各國同時開釁幷何能恃亂民以與各國開釁此意當爲各國所深諒以上委曲情形及中國萬不得已而作此因應之處該大臣等各將此旨詳細向各外部切實聲明達知中國本意現仍嚴飭帶兵官照前保護惟力是視此種亂民設法相機自行懲辦各該大臣在各國遇有交涉事件仍照常辦理不得稍存觀望將此各電知之欽此錄行該藩司接到後即刻電至蘇松太道余速即分電出使大臣楊儒呂海寰裕庚羅豐祿伍廷芳李盛鐸該藩司迅速辦理等因合亟恭錄電傳即希欽遵辦理云合轉電乞欽遵轉達電示聯沅元

收南洋大臣劉電六月十四日

元電悉滇電已飭滬道轉直藩轉京和事當照轉坤鹽

收南洋大臣劉電六月十五日

鹽電感佩德皇電已電保定設法轉送京都并電滬德總領轉外部代奏京事外間甚難挽救現召催傳相或有轉機坤咸

收出使俄國大臣楊電六月十六日

直藩轉電旨未到祈速開示儒銑

收出使英國大臣羅電

咸電感悉直藩微電轉傳電
旨已於昨午奉到勿庸再電承關照并謝豐咸
收出使美國大臣伍電六月十六日
電
旨遵達外部美尙和平聞德興憤師尊處交涉若何有電奏否
廷咸
收出使俄國大臣楊電六月十七日
諫電感悉滬道電纔到儒即照譯外部銑
收北洋大臣李電六月十七日
現奉寄

諭催速來京鴻已迭電請設法保護使館如各使無恙或可就
商望密致外部代籌密示諫

收鐵路大臣盛電六月十八日

孫徐兩相被刼東城焚殺最甚亂黨騎虎各使與
兩宮俱危宣嘯

收出使英國大臣羅電六月十八日

英報載德外部畢魯通行同盟各邦牘云德無瓜分中國
之意亦并不乘取專利德國之意現在華擬辦之事有四
一保德民在華身產工程二救在京被圍歐人性命三助
中國眞正國家定亂保法四責令中國賠償已毀之身產

等語此節得之傳聞恐多錯誤祈台端查閱原文譯電傳
相是禱豐巧

收南洋大臣劉電 六月十九日

篠電已分轉并託慰帥設法確探得覆再電坤巧酉

收出使英國大臣羅電 六月十九日

效電感悉初三
旨敝處只電政府欽遵轉達未復奏頃盛電十一京耗董將架
礮不遵
諭旨使館政府均危云尊處如有續耗亦祈電示豐皓

收北洋大臣李電 六月二十日

廿一日起程至滬候信鴻號

收南洋大臣劉電六月二十日

慰帥電聞各使各眷無損害惟使館圍甚嚴消息隔絕迭

派探無十分確耗云昨又會諸帥電京救使坤號

收出使俄國大臣楊電六月二十日

效悉電

旨譯送外部未置可否似無可復

奏德外部云何祈示盛近無電傳相篠電京內使館漸穩云

未知孰是儒哿

收出使英國大臣羅電六月二十一日

劉峴帥等電開各使竭力設謀保護十三倘好天津若毀百年難復請各國保全關係中外商務李相調北洋請轉楊呂裕伍諸公坤洞宣號豐箇

收上海道余電六月二十四日

接袁慰帥漾電軍機處咨到致德國國書飭轉貴大臣謹將國書照錄於後

大皇帝問

大德國

大皇帝好中國與

貴國久相交好彼此無猜近因民教相仇致
貴國使臣克林德猝被亂民傷害曷勝惋惜正在認眞查拏
懲辦之際適各國共疑朝廷袒民嫉教先有攻佔大沽礮
臺之事兵連禍結時勢大難收拾因思中外敦崇睦誼總
宜永遠不渝奈中國爲時勢所迫幾致干犯衆怒排難解
紛不能不惟
貴國是賴爲此開誠布臆肫切致書惟望
大皇帝始終顧全鄰誼設法籌維執牛耳以挽回時局并希惠
示德音不勝激切翹企之至　光緒二十六年六月二十
三日云合轉電乞欽遵轉達電示沅漾

收出使英國大臣羅電六月二十四日

頃接杏翁電慰電總署遞到康格廿二洋文密電已轉滬發各館必尚存即轉各使宣敬豐敬

收南洋大臣劉電六月二十五日

廿一明發

上諭此次中外搆衅起於民教之相鬩嗣後因大沽礮臺被佔以致激成兵端朝廷誼重邦交仍不肯輕於決絕迭經明降諭旨保護使館并諭各省保護教士現在兵事未弭各國商教在中國者甚多均應一律保護著該將軍督撫查明各國洋商教士在通商各埠及各府州縣者按照條約一體認眞

保護不得稍有疏虞上月日本書記杉山彬被戕正深駭異乃未幾復有德國公使被害之事該公使駐京辦理交涉遽遭傷害惋惜尤甚應仍嚴飭勒拏兇手務獲究辦所有此次天津開戰後除因戰事外其因亂無故被害之洋人教士等及損失物產著順天府直隸總督飭屬分別查明聽候彙案核辦至今日各處土匪亂民焚殺刦掠擾害良民尤屬不成事體著該督撫及各統兵大員查明實在情形相機剿辦以靖亂源將此通諭知之欽此坤一敬

收出使俄國大臣楊電洋文六月二十五日

接盛大人西七月廿號電云接山東巡撫一電據稱總理

衙門囑發美國使臣康格西七月十八號之暗電該電已
由上海電達華盛頓此電足見北京外國公使尚存楊儒
收出使美國大臣伍電六月二十五日
頃接杏翁電康復電幸到廿二
旨各使無恙匪自亂互殺傅相入內平亂無路可入云廷有
收南洋大臣劉電英文六月二十六日
接本月二十四日來電已分寄二十二日
上諭各公使均無恙惟德公使被拳匪戕害國家自應嚴拏兇
犯從重治罪西七月二十日電已接到否即
上諭一道中國國家保護洋人剿辦拳匪幷惋惜德公使事總

督劉

收上海道余電六月二十七日英文

接來電詢克林德夫人等事已電袁撫查詢候有回音再

電復余廿六

收出使英國大臣羅電六月二十八日

頃杏電廿二京信總署派文瑞往見各使未損一人榮擬

奏請先送食物再商派隊送赴津御河橋南洋兵守北董

軍守彼此均停槍礮云如送出使能否停戰請速轉楊呂

裕伍宣沁豐沁

收出使俄國大臣楊電六月初二日

盛電亂匪不難平惟董居肘腋剿則刦

兩宮傷各使洋兵進時恐遭毒手乞轉呂羅伍裕速籌良法宣

東儒冬

收出使英國大臣羅電七月初三日

頃杏電廿八

諭旨現幸各使除克林德外均平安無恙目前并給各館蔬果

食牲以示體恤請轉楊呂裕伍宣冬豐冬

收南洋大臣劉電七月初七日

電悉已電東撫轉樞代奏坤微

收出使俄國大臣楊電七月初七日

慶邃電

旨告外部各使平安無恙彼以無確實證據益滋疑慮應籲懇迅速派隊將各使館人員暨眷屬護送至津或令先與本國通電以昭憑信而救時局乞代奏此已列尊銜同各使會奏恐電商遲延乞恕儒慶

收上海道余電七月十一日

總署歌電囑轉尊處德館署使臣以下均平安無恙近日致送蔬食果物數次往來甚好現正擬商議保護赴津暫避難天津現已開戰不准發密電已告德署領事轉報本國希先達外部云沅齊

收出使俄國大臣楊電七月十二日

傅相電初六

諭旨杳蓀已電達此是眞實憑證祈商外部速飭前敵將帥止兵勿進以待商辦即轉德呂使法裕使英羅使美伍使鴻

眞惟原

旨至今未到急甚已電催查儒元

收出使俄國大臣楊電七月十四日

初八日電

旨甫到即轉鴻坤會奏送使赴津初八奉

諭旨前因民教滋事激成兵端各使臣在京理應保護送經總

理衙門致函慰問并以京城未靖防範難周與各使商議派兵護送往天津暫避以免驚恐即著榮祿預派妥實文武大員帶同得力兵隊候該使臣定期何日出京沿途護送倘有匪徒窺伺搶掠等事即行剿擊不得稍有疏虞各使未出京以前如有通信本國之處但係明電即由總署速辦毋稍延閣用示朝廷坦懷相與至意欽此即告外部并轉呂裕羅伍

鴻坤兩卦儒元午

收上海道余電七月十四日晚

慰帥電總署十一奉

旨准令各使與其本國往來平安密電謹聞沅鹽

收南洋大臣劉電 英文七月十四晚

接西七月廿七日致總署電及十七電兩次請詢公使及伊等眷屬是否無恙等因頃接英國公使函稱伊等現在北京均屬平安尚無受傷事劉坤一

收上海道余電 七月十五日午

接慰帥鹽電內開轉楊大臣等公電悉各使安電已於初十一律代發計十國送津暫避一節早經商及賓使主之并曾言不願出京茲又函稱須發電請示外部方敢離京似此推延設有不測咎將誰任祈與各外部詳細言之速催各使赴津暫避是為至要致諸公并轉復文云除分轉

外謹聞沅願

收出使英國大臣羅電七月十五日

頃杏電十一奉

旨准各使與其本國往來密電請轉呂裕伍宣豐願

收上海道余電七月十六日

頃由濟南轉到洋文密電似係公使致外部照錄於下乞

轉交沅洽以下洋文一百五十一字即轉外部

收出使俄國大臣楊電七月十六日午刻

傅相電頃總署蒸電各使館往來電報已有

旨准其代寄代交本日即有八國發電知注轉聞又東撫電刻

接總署十一日函現奉
旨准令各使與其本國往來平安密電希分電各處查照前次
發還各電如各領事倘求代遞仍可轉發云希速轉呂裕
羅伍使鴻寒己儒咸末
收出使俄國大臣楊電
傅相電袁撫電刻接樞寄奉電
旨於下十三日奉
旨此次中外啓釁各國無不誤會中國地方官亦有辦理不善
之處兵連禍結有乖夙好終非全球之福著授李鴻章爲全
權大臣即日電商各國外部先行停戰仍將應行議結事宜

分別妥商請旨遵行欽此祈商各外部請先飭停戰再行會
議辦法并轉呂裕羅伍各使仍盼復鴻咸儒篠
收上海道余電七月十七日晚
頃由濟南轉到和蘭公使密電照錄於下乞轉交沅以下
密電碼及地名日期廿六字即晚函寄和蘭
收上海道余電七月十八日
篠電已由濟南轉沅巧卯
收出使俄國大臣楊轉劉峴帥電七月十九日
請轉呂使東撫電代奏摺奉
硃批知道了欽此坤文

收上海道余電七月二十日轉駐京德館電

頃由濟南轉到密電照錄於下沅號以下洋文電百二十七字二十七日早送交外部

收上海道余電七月二十二日

簡電遵照轉沅養

收出使英國大臣羅電七月二十二日未刻

傳相電聞聯合軍將至通州已奏請

朝廷派使就近與前敵各軍商辦停戰鴻不日赴京各國皆

深知

兩宮為難務請電知陸軍至通州為止兵勿入宮以免

兩宮受驚萬民塗炭致虧
大清元氣而傷天下人民之心則中國億兆人民豈不感激望
將此電速送外部請入奏并電復即轉楊呂裕伍各使鴻
箇豐箇
收出使英國大臣羅電七月二十四日
傳相電洋兵於廿一日入都
乘輿已先期西幸速轉楊呂裕伍使鴻敬豐敬
收出使英國大臣羅電七月二十六日未刻
傳相電各國外部前俱有言派兵係專爲援使今聯軍進
京各使無恙定可即行停戰會論善後應請貴國速派全

權或酌派駐京使臣於中外事必熟悉是否務在北京商議鴻儀得確信即便北上請告外部轉奏候覆祈轉電楊呂裕伍使有豐有

收出使英國大臣羅電七月二十六日戌刻

峴香帥電昨因聯軍入京電滬領轉請各國勿驚

兩宮急望兩日內電復以慰天下臣民并無他意現因

兩宮先行東南保護之約各督撫仍當盡力自任請達外部并轉楊呂裕伍使坤一之洞宥豐宥

收出使英國大臣羅電七月二十七日酉刻

傅相電

兩宮已出巡拳匪已四散以後必無戰事各國重費兵力殊抱不安希切商外部及時退兵仍派全權會議善後以敦和好即盼覆并速轉楊呂裕伍使鴻沁豐沁

收全權大臣李電七月三十日晚十二點鐘到

禡電悉新使到滬未必來拜德兵到尚遲殊焦急德璀琳漢納根及其眷均在津無恙鴻卅

收上海道余電八月初四日

篠筒兩電附和使電均照轉頃接慰帥電路阻未能投到沅亥

收出使英國大臣羅電八月初七日

乘輿初六七可抵太原聞將赴陝晉電爲毓賢所斷陝電尚通
此傳相轉電後此如得華電可否互轉藉通消息何如豐
魚
收出使俄國大臣楊電八月初七日
木使電傳相冬電已奏請派慶榮劉張同爲全權大臣便
與各國開議慶榮如隨
扈請飭星夜回京會議劉張各有疆守只可電商候奉
旨再電知乞轉羅裕呂鐸歌儒虞
收出使英國大臣羅電八月初十日
傳相頃接保定廷護督支電軍機大臣字寄全權大臣大

學士李　光緒二十六年七月二十五日奉
上諭七月廿一日洋兵猛攻入城圍撲宮禁勢甚危險朕不得
已恭奉
慈禧端佑康頤昭豫莊誠壽恭欽獻崇熙皇太后慈駕暫行西幸
此次衅起民教互鬭朝廷辦理爲難情形已歷次備具國書
詳告各國彼方以代治亂民爲辭於國家並無他意而似此
舉動殊屬不顧邦交未符原議且中國於駐京各使臣始終
委曲保全未嘗失禮尤不應如此相待昨已派榮祿徐桐崇
綺留京辦事然當各國氣勢方張之際恐在京未能遽與開
議該大臣公忠素著平日威望亦爲外人所信服國事至此

不知該大臣正復如何憤激著即迅籌辦法或電各國外部或商上海各總領事從中轉圜務期竭盡心力爲國家捍此大患朕不勝翹盼之至欽此遵

旨寄信前來此

旨於本日由懷來寄到令加封排遞第恐中堂不日赴津驛遞相左致誤事機故冒昧拆閱先密電達原件仍由驛排遞等語查各國外部轉復電語及洋報所述駐京各使詞意與

諭旨間有不符此事殊難議結昨已奏請添派慶邸榮相劉張兩制軍會同籌辦應請我各國駐使委婉向外部解說從

中轉圖至上海各總領事除英德并未來晤似別有意見
外其已晤者會囑其電商本國均稱無在此議事之權候
稍有轉機當航海馳往津京相機會同商議合併附聞速
轉楊伍裕呂各使鴻庚豐佳
收出使俄國大臣楊電 八月十六日
傳相電頃接保定轉到七月三十
上諭全權大臣李鴻章著准其便宜行事將應辦事宜迅速辦
理朕不爲遙制接奉此旨後先行復奏以慰廑系將此由六
百里加緊諭令知之欽此望告外部並速復鴻寒儒銑
收出使英國大臣羅電 八月十八日

傅相電頃接東撫刪電稱頃接初六自大同發樞轉電
諭旨曰軍機大臣字寄全權大臣大學士直隸總督李　光緒
二十六年八月初三日奉
上諭全權大臣便宜行事大學士李鴻章著即乘輪船來京會
同慶親王商辦一切事宜毋延欽此遵
旨寄信前來又樞文曰前奉
諭旨命赫德向各國商借輪船赴滬接李鴻章迅速來京會同
慶親王商辦事宜幷有寄李鴻章
諭旨一道著該水師派員齎送業已分別字寄在案惟事經展
轉猶恐或有錯誤謹恭錄前次

諭旨到後即希貴撫迅速轉電李大臣可也等語奉
旨催令北上應即料理不日起程望知照外部轉電京津各提
督互相保護并速轉楊裕呂伍各使照辦鴻諫豐巧

收全權大臣李電八月二十日

篠電已轉奏剛次到滬匝月與其譚事并未來晤據稱須
候該外部吩咐方能會晤慶邸奉派會辦已到京無從商
告剛使鴻定廿一航海赴津英德疑忌不遑恤矣巧

收出使俄國大臣楊電八月二十日晚

傳相效電陜撫端巧電謹將八月十八日亥時奉到由忻
州六百里遞來八月十五日

行在軍機處寄諭電呈奉
旨李鴻章劉坤一張之洞等會奏摺片暨李鴻章初九日電奏
同日覽悉七月廿一日之變罪在朕躬悔何可及該大學士
等與國同休戚力圖挽救宗社有靈實深鑒之所陳各節悉
係目前最要機宜慶親王奕劻計初十日可以到京本日復
有旨加派榮祿會同辦理現在俄戶部允可撤兵是機有可
乘不可一誤再誤該大學士應即借乘俄艦駛赴天津先行
接印即日進京會商各使迅速開議至罪己之詔業於七月
二十六日明降諭旨播告天下該大學士未到任以前已責
成廷雍認眞辦理本日亦有明發諭旨矣其餘皆照請施行

惟事有次第不得不畧分先後耳朕恭奉
慈輿一路安善現趕太原兩站駐蹕久暫俟抵太原後體察情形
再定進止此次變起倉猝該大學士此行不特安危係之且
將存亡係之旋乾轉坤匪異人任勉爲其難所厚望焉此旨
仍著端方轉電李鴻章等知之欽此儒號

收出使俄國大臣楊電 八月二十四日

慶邸電洋兵進京
兩宮西狩本爵奉便宜行事
諭旨會同李相議和希轉達外部顧念夙好電飭駐使早日和
商大局幸甚慶親王咸請速轉伍裕呂羅李各使儒漾

收出使俄國大臣楊電 八月二十日

覘香帥電聯軍到京本以救使剿匪爲言現使已救又有
旨剿匪保定正定教士已由護直督妥送長辛店蘆溝橋交洋
兵接收慶李榮現正會商開議請公各就邦交立論力商
外部踐前言不再進兵勿擾各口
旨派全權會議保全大局并轉呂使坤洞宥儒卅

收出使俄國大臣楊電 又八月初六日

盛電
行在初二電
旨

大清國

大皇帝問

大德國

大皇帝好此次中國變起倉猝害及

貴國使臣克林德朕馭下無方致傷睦誼一經追念軫惜益

深本日已明降諭旨賜祭一壇著大學士崑岡前往奠醊并

飭南北洋大臣於靈柩回國時妥爲照料抵

貴國時再賜祭一壇派戶部右侍郎呂海寰前往奠醊用示

朕惋惜不忘之意

貴國與中國交誼綦敦務望

大皇帝以保全中外大局為重盡捐嫌隙俾和局早日定議彼
此永遠相安不勝盼切之至太原發儒魚蒸賀升喜
收出使俄國大臣楊電又八月初八日
盛微電李劉張袁會劾端莊瀾剛趙英分別撤革并懲辦
初二
旨此次釁開變出非常致禍之由實非朝廷本意皆因諸王大
臣等縱庇拳匪啓釁友邦以致貽患宗社乘輿播遷朕固引
咎自責王大臣等無端兆釁亟應分別重輕加以懲處莊親
王載勛怡親王溥靜貝勒載濂載瀅均著革去爵職端郡王
著從寬撤去一切差使交宗人府嚴加議處并著停俸輔國

公載瀾左都御史英年均著交該衙門嚴加議處協辦大學
士吏部尚書剛毅刑部尚書趙舒翹著交都察院交部議處
以示懲儆朕受
祖宗付托之重總期保全大局不能顧及其他諸王大臣等謀國
不臧咎由自取當亦天下臣民所共諒也欽此儒齊
收出使俄國大臣楊電又八月十一日
峴帥囑轉欵電悉現優恤克使德能釋然否望復儒蒸
收出使英國大臣羅電又八月十一日
通使齊電碼誤甚多祈尊處轉示感甚豐眞
收南洋大臣劉電又八月十二日

佳電已轉陝撫代奏并轉慶李坤文

收出使俄國大臣楊電 又八月十三日

傅相電罪魁已懲戕使已郵德瓦師穆使來津未得晤而德分兵出靜海俄分兵署北直蘆台山海關是何陰謀并不開議格使昨到晤後再定進止公盡力并轉裕呂分催開議停戰美允開議矣鴻青儒元

收出使俄國大臣楊電 又八月十四日

盛電虞電已轉

行在軍機代奏電

旨初八啟鑾幸長安毓開缺各帥劾董儒文

收出使俄國大臣楊電又八月十四日

峴香帥電

聖駕幸陝為太原甚苦晉省旱荒糧缺又經毓撫引來拳匪擾亂數月商民逃避省城一空故不得不幸陝暫駐且陝省電與滬通奏報請

旨甚速議款較晉為便此皆實在為難情形暫未

回鑾者因京城洋兵未撤不免憂慮并以兵災後有瘟病此是人之常情當蒙各國體諒其實在陝與在晉同并非遷避拒和議務望轉達外部免致猜疑至禱并轉呂裕羅伍使坤洞眞儒寒

收出使俄國大臣楊電 又八月二十一日

峴帥效電覃悉

聖駕昨過侯馬已電該處譯呈樞府代奏幷轉鄂滬京奕榮赴

行在銑過保定云盛電鏡使效授戶右儒馬

收湖廣總督張電 九月初四日

陝撫電剛毅二十五日死毓賢吞金死均確端不准隨扈

等語望速告外部晉匪我自痛剿聯軍勿攻山西示復請

楊使轉呂使洞江

收出使英國大臣羅電 九月初四日

同上豐江

收出使俄國大臣楊電九月初四日

仝上儒支

收出使俄國大臣楊電九月初四日

盛電冬電電

旨令慶李將應懲辦諸王大臣分別輕重擬議密奏候奪剛病

故二王未隨扈云儒

收南洋大臣劉電九月初七日

歌電照轉坤陽

收湖廣總督張電九月初十日

八月廿三日奉

行在十四日
上諭李鴻章迭次電請添派王大臣會辦款議除已命慶親王
奕劻星馳回京并與劉坤一張之洞函電互商外即著添派
榮祿會同辦理并准其便宜行事等因欽此閏八月廿二日
又奉
行在八月二十日
旨慶親王奕劻著授爲全權大臣會同妥商應議事宜劉坤一
張之洞著仍遵前旨會商辦理并准其便宜行事該親王等
務當往還函電會商折衷一是勿得內外兩歧致多周折等
因欽此茲特恭錄電聞即祈轉達外部請其電告駐京公使

知照洞佳

收出使俄國大臣楊電九月十六日

前

旨將肇禍之王貝勒等革去爵職交議之王大臣昨經各部院

會奏均請革職仍酌量加重必奉

俞允查定例王公革爵停俸不准其子孫承襲是只減死罪一

等此外董福祥毓賢二員爲各使深恨已另奏請重懲辦

法似甚公允惟剛毅病故毓賢自盡已伏冥誅聞各使會

商必欲概行誅戮務祈請商外部曲爲體諒諄催各使早

日開議迅即停戰撤隊免致商民驚疑和衷辦結以全睦

誼希照辦電復慶李儒威

收湖廣總督張電九月十六日

前接陝撫岑電云毓吞金自盡確等語急以奉聞頃續得陝撫岑電毓事近無所聞前信恐不確等語然聞毓確已離晉晉撫錫力任剿匪茲特電達祈速告外部將前說更正以免疑前電爲相欺至要洞威

收出使英國大臣羅電九月十八日

盛電全權文奏各使意先正法十一人諫

旨仍令磋磨革候查辦看來端屬懿親董持兵柄暫宜從權劉張囑詢尊處聞外部如何議減祈示并轉呂裕伍使宣戩

豐祿

收出使俄國大臣楊電九月十八日

函悉電奏已發儒巧

收出使法國大臣裕電九月十八日

十六函悉香帥尚有咸電尊處未接到茲錄上尊致峴電候示再發庚巧前接陝撫岑電云毓吞金自盡確等語急以奉聞頃續得陝撫岑電毓事近無所聞前信恐不確等語然聞毓確已離晉晉撫錫力任剿匪茲電達祈速告外部將所說更正以免疑前電爲相欺至要洞咸

收出使法國大臣裕電九月二十二日

峴帥電銑電已代奏并照轉望轉鏡翁坤箇庚箇

收出使俄國大臣楊電九月二十二日

傅相電聯軍久據京津遷延不肯開議近德帥遣兵誘踞保定西陵藉口庇縱拳匪殺教士將藩司廷雍戕害愈出愈奇各使自會議數次任意開列多款皆奪我自主權必不能行之事即開議難盡允德帥氣燄極大不容晤商如何結局乞轉呂裕羅伍李互商籌復鴻諫大局棘手有何碩畫酌覆儒養

收出使英國大臣羅電九月二十五日

盛電養電悉養明

旨端莊革爵職永遠圈禁怡邸瀅貝圈禁濂貝革爵潤公英年
降調剛病故免議趙革留毓發極邊另密
旨董驟難撤兵柄從緩籌辦乞轉諸公宣敬豐敬
收出使法國大臣裕電九月二十五日
峴帥電請轉鏡翁俄京轉歌電今始到巳代奏并照轉因
何遲祈查坤敬庚敬
收出使法國大臣裕電九月二十五日
峴帥電號電悉照轉慶李前歌電祇轉傅相顧電已奏元
電未到剛故確毓革職解晉看管轉鏡翁坤漾庚漾元電
已向電局查問

收出使俄國大臣楊電九月二十六日

盛電頃接軍機二十三日交電本日奉

旨致德國國電一道希貴京卿迅電出使德國大臣呂海寰呈

遞并一面電知慶親王李鴻章爲此知會

大清國

大皇帝問

大德國

大皇帝好前寄復書不加切責具見

大皇帝篤念邦交曷勝紉佩朕馭下無方以致

貴國使臣無端遇害至今猶深惋惜理應將肇禍諸臣加重

分別嚴懲以申國法而洩公憤頃接吕海寰電奏知
大皇帝已准貴國瓦帥剔使與中國王大臣議事自當飭令在
事諸臣持平商辦以期早日定局和輯如初來書勸朕回
京尤徵雅意殷拳一俟和議有成即當定期返旆至各國
傳教載在條約此後朕當嚴飭封疆大吏格外加意保護
以期永泯爭端用特再布腹心惟希
大皇帝鑒察不勝盼禱之至請轉吕鏡翁宣敬儒有
收出使法國大臣裕電九月二十六日
峴帥電寒有電到已代奏請轉吕坤徑庚宥
收出使俄國大臣楊電九月二十七日

函悉李相諫電諸公計畫不一彙復頭緒太繁英法美均請分電儒復畧稱目前要索勢所必至曠日愈久出計愈奇如開議直截小節倘可磋磨若起首堅持大局仍恐決裂勿以彼不奪主權不貪土地爲可恃云云儒沁

收出使俄國大臣楊電十月初三日

峴帥電轉呂宥電悉已照轉現各使以懲辦輕和議難成務請商外部速電各使和商方有濟坤仍密劾董毓第董須綏辦東儒江

收出使法國大臣裕電十月初八日

接到張電毓賢任晉撫暴戾殘殺罪在毓不在晉已辦遣

戍聞西兵已赴晉必至生靈塗炭西偪愈深恐滋枝節請探外部如確務商阻弟等當會全權劾毓置重典祈電復請轉呂坤洞陽庚陽

收鐵路大臣盛電十月初六日

冬電魚到已照轉宣

收出使俄國大臣楊電十月十一日

峴帥電錫撫到晉兩月痛辦拳匪正法首要八十餘人實心保護教士不遺餘力迥非毓比務祈鼎力商阻勿令洋兵入晉并請轉呂坤遇儒蒸

收慶親王電十月十八日

各國會商條款大致已就劇使忽言要全權憑據方開議
中國向例派全權臨時恭錄
諭旨送閱即是憑據弟在署當知務速告外部勿疑電催劇使
毋藉此延誤事機即復慶李諫
收出使英國大臣羅電十月十九日
慶電傳相電昨電呂使云德使要全權憑據照向來恭錄
諭旨送閱伊言電
旨不足憑英俄日本皆同此議聞其會商條款大致已就未便
因此延閣已電奏恭錄
諭旨請用御寶臨時送閱以昭慎重望告外部電催開議并轉

楊呂裕伍李各使照辦慶李篠豐嘯

收湖廣總督張電十月二十九日

鄙人奉

旨會議條款極欲與各國籌一永遠相安之道而久候不得的確消息無從籌計焦急萬狀務祈切商外部將各國所擬條款速即詳示雖各國尚未互相議定然亦可密以告我俾得預籌萬望勿如洋報所言候各國議定以挨的美敦書照會限期應允使我措手不及辦理失當也條約關係重大必須極為平允方能持久倘或稍偏必致此國喫虧彼國終亦無益也盼速詳覆洞儉

收出使英國大臣羅電十月二十日

豔感悉已照電

行在軍機處並慶邸傅相矣尊處如接有京電懇迅示豐豔

收出使俄國大臣楊電十一月初一日

峴帥電聞各國互議條款議定照會計在決行無可商改合八國而謀我何求不得唯既存全中國須爲我稍留地步各國當見其大以期公保和平均霑利益趁照會未到切商外部電公使勿奪我自主迫我所難關係至重舍此無策幸力籌轉呂坤勘儒東

收上海道余電十一月十八日

鹽電遵辦沅巧

收出使法國大臣裕電十一月二十四日

函悉遵辦餘詳函庚漾

收出使俄國大臣楊電十二月十五日

滬京文報通勛文儒寒

收出使俄國大臣楊電十二月二十二日

摘錄蒸

旨積習相仍致成大衅現正議和政事尤須整頓

懿訓取外國之長補中國之短懲前事之失作後事之師以後擇

善而從毋子一心著軍機大臣大學士六部九卿出使大臣

各督撫參酌中西政要凡朝章國政吏治民生學校科舉軍政財政因革省併各抒所見各舉所知通限兩個月詳悉條議由朕上稟

慈謨斟酌施行今之言者兩途一襲報館文章一拘書生淺見有治法貴有治人改絃更張以後所當簡任賢能上下交儆事窮則變安危強弱全係於是倘再因循敷衍空言塞責省事偷安憲典具存朕不能宥全文另寄請轉呂裕羅伍諸公宣

號儒轉

收出使俄國大臣楊電十二月二十九日

宙盛電國書一道請即遞文曰

大清國
大皇帝敬問
大德國
大皇帝好各大國會議要款敝國現已次第議商照辦惟賠款
一事不得不通盤籌畫此次兵事各處財物毀失過多且
敝國地利商務尚少開通一時不易籌集鉅款紓之太急
必致搜括無遺民窮生變當爲
大皇帝所鑒諒敬念
大皇帝誼篤邦交亦欲敝國竭力圖治永保亞東太平之局開
通不竭之利源敝國現議力行實政期圖報各大國之惠

於後日尤望

貴國始終玉成商同各大國將賠款酌准數目寬定年限另籌妥法攤償免使多借息款藉得稍蘇喘息整頓內政將來中外必能益加修睦與各大國永享無窮之利益感仰

厚德非言可宣謹布腹心惟希鑒察不勝盼禱之至

又樞電迅即分電英德俄法日本出使大臣轉遞并將各

國主稱照舊式分別另寫毋漏毋誤云此

國書意在兵費一項由

國家分年攤還各國國家免借銀行息債乞公設法商籌宣

徑儒儉

收出使英國大臣羅電光緒二十七年正月初一日

峴帥電并轉呂裕伍懲辦首禍一案

朝廷極欲愜各國之意俱已從嚴惟趙舒翹一員似乎所擬罪浮於情此等重案關係

國家全局必須核實方能有所勸戒衆情自覺允服凡誤國殃民之罪魁中國臣民皆所痛恨聞

朝廷已擬定斬監候罪名似足蔽辜政府決非袒護望閣下飛速轉達外部電飭各使與全權大臣切商爲禱候示復

坤一之洞啟豔卅

收南洋大臣劉電正月初六日

兩豔電支到均代奏并分轉坤號

收湖廣總督張電正月初十日

俄續十二條侵我土地政權兵權利權并有干礙各國之處中國固不願允許然中國獨力斷不能拒俄各國所知何以各國僅勸中國勿許而不勸俄勿要挾豈欲俄得志而各國效尤耶若中國不允俄續俄竟不交還佔地或別生枝節則將若之何各國試代我設想有何辦法肯代我駁阻俄國否以格使勸全權慶李云此中俄兩國之事與他國無涉且各國無以此語告我政府者獨以不干已事與中國為難必當置之不理等語豈各國眞不敢向俄商

阻耶務祈切商外部力勸其徑電俄廷方能有益并請詢
明倘中國拒俄而干俄怒究竟各國肯代我力爭否恪使
與全權均甚急各國有助我之策須速籌遲則無及速電
示至盼洞佳

收慶親王全權大臣李電正月十一日

各國駐使先後來言其政府囑爲聲明公約未定以前中
國不得與他國立約若讓某國土地財政之權另立約章
恐他國效尤所論似正鴻答以何不預告俄政府彼謂當
由我駐使經商各外部請其轉致俄廷現俄已與楊使另
議約款尙無奪我壤地財政之意催速核准否則暫據將

戚久據俄用兵力所得今議交收豈能久待各國睦誼素
敦未便倚衆阻撓致中俄決裂亦非各國之利也望善爲
說詞電復是要慶李蒸
收鐵路大臣盛電正月十一日
諭旨奉
旨俄允交還東三省所擬條約十二款朝廷已飭令全權磋磨
刪減期保自主之權各國亦均以爲不可許惟就中國現在
情形而論各國代謀之意固屬可感而勢難獨力堅持激怒
於俄因念此中利害不惟中國當熟籌妥計期出萬全即各
國亦須互相維持以免環球偏重之勢著呂海寰李盛鐸羅

豐祿伍廷芳密商外部懇祈聯約向俄廷善爲排解俾此事得以和平了結誠於中外大局實有裨益欽此蒸宣轉

收出使俄國大臣楊電正月十二日

宙請轉呂歌電佳到已分轉豔電外部語因俄欲侵我東三省兵政各權利是以有此議論乞秘之宣卦儒元

收出使英國大臣羅電正月十九日

峴帥電東三省事日政府已電駐美英德各使與各政府商議刻俄因英德各國勸勿許俄約俄使負氣不商俄政府欲限期令畫押否則增款決裂頃樞電力弱難拒囑懇各國速向俄勸阻免決裂事急勢迫決裂後各國益難爲

謀務望婉切商催勸阻并速轉伍呂均共商電復盼切坤
巧豐嘯

收出使俄國大臣楊電正月二十二日

東約俄催速定各國代我勸阻遲恐不及邸椎囑逕商尊
處外部辦法祈速示儒馬

收南洋大臣劉電正月二十四日

箇電已分轉俄約事英已詰俄俄復語口氣尚鬆似尚可
商坤敬

收鐵路大臣盛電二月初二日

諭旨奉

旨俄約現雖酌改其中尚多窒礙不獨中國之害亦大非各國之利惟限期甚迫俄告中國詞意決絕勢難獨力轉圜非得各國力阻商緩不能從容籌議前英瀾候有英日德美向俄詰問尚未回音中國勿遽畫押之語全權電奏薩電亦允轉電政府請俄展限著呂海寰速商外部請迅即電達俄廷代請展限總期稍寬時日方可妥爲籌計著即悉心妥籌向商以顧全局仍將商辦情形迅速電聞欽此冬宣轉

收出使英國大臣羅電 二月初五日

諭旨奉

旨昨電該大臣速向外部請商俄展限計已奉到頃接楊儒東

電照會展限改議俄拒不收意已決裂究竟各國肯合力助中國向俄轉圜否又據盛宣懷電稱俄約若畫各國必怒而羣起分裂如不畫押而俄強佔尚有公論各國必退還順直他處亦無平空強取之理此言果確則不畫押僅攖俄怒畫押必犯衆怒自應權利害之輕重著呂海寰羅豐祿伍廷芳李盛鐸迅向外部商請趕於限內代商俄廷限商請刪改并詢明如逾期不畫押俄怒決裂各國能實力助我向俄公論決不與我爲難而公約仍可早在京商妥否務得確信迅速電復俄限甚迫復電勿逾限爲要欽此江宣轉并請羅大臣轉德京呂大臣爲要豐支

收南洋大臣劉電二月初五日

勘電江到已分轉坤寘

收出使英國大臣羅電二月初六日

請即刻譯送配華文各國政府鑒俄約雖畧改仍多窒礙十一條全文日本已抄得各大臣亦必盡悉無待贅述俄雖勒限畫押中國實不願損自主之權利

朝廷已有電

旨飭各駐使請各大國外部電達俄廷代商展限尙未接復音查拳匪之亂中國辦理不善各大國不咎既往留我將來振作之基在國臣民同聲感奮方謀和約定後即日將諸

政事大加興革以副各國期望適因俄約不妥聞各國現
將公約停議竊思東三省爲我
國家發祥之地若主權旁落何以自立於環球之上且何以
仰副各大國去年殷殷保全中國自主之權之盛心尤慮
權勢偏重東方大局或因此牽掣不獲永保和平於中外
大局實多妨害旣承各大國同陳利害諄勸不可遽行畫
押實深感激本大臣本部堂已迭次奏請
朝廷不宜允准畫押奉求各政府將中俄相持不下之約十
一條秉公評斷與京約同時畫押總以無傷主權爲度則
各國之賜東方之福東南各省總聽各大國之公斷爲憑

不以俄國逼勒之條款爲據北京公約大綱早已畫押尤望仍即接續會議早日定局萬勿爲俄國所牽掣免致拖延不了別生枝節至爲盼禱并望即日電復劉坤一張之洞初五日并請轉美德伍呂兩星使分送外部豐魚

收湖廣總督張電二月十二日

前承德國勸我公約未定以前不得另立專約又德相宣言不願中國國產任意棄置德國斷不坐視德國辦事在保全太平如各存意見亦必極力排解等語中國實深感荷現中國已聽德言逾期未畫俄約然中俄勢力不敵恐俄立時決裂致礙太平中國有負德相厚望仍須使德國

大力向俄婉商三省之事請俄始終與中國和平商辦無論如何萬勿決裂祈即轉商德相務請其極力排解力勸俄仍和平商辦迅速示復至禱洞眞軫

收鐵路大臣盛電 二月十五日

呂佳眞電均轉格仍緊催畫押不肯删改我堅持不畫押擬令江鄂督將俄約交領事有益否祈酌示并轉呂宣寒豐轉

收出使英國大臣羅電 二月二十日

中國伏莽未靖保護責任更重軍火爲巡緝要需公約禁購聞各國多主五年日本倡約兩三國主兩年中需軍火

多向德購料物多向英購禁限過久緝匪無具於英德商務亦多窒礙現效西法力行新政此後中外必能融洽祈力商減少年限並轉裕呂照商爲盼坤效豐轉

收湖廣總督張電二月二十六日

前承電示德首相議院言賠款不顧竭盡中國財力感佩之至現議賠款究竟各國總數若干分幾年交清有無利息以何作保祈詢外部速示務懇外部電知穆使轉商各國量從輕減作保勿礙中國財政令中國不至十分爲難至造軍火之機器物料即使購機安設造成亦須一二年且亦不必專造軍火有關商務萬望勿禁兩事均深感禱

盼電復洞徑

收湖廣總督張電二月二十六日

昨夜發徑電計達覽語意未盡愜茲酌改譯送外部時請於轉商各國量從輕減句下添入由中國逕還各國國家免致中國向銀行借款多出利息廿二字下接軍火一條請改爲至造軍火之機器物料即使購機安設造成亦須一兩年且器料有關商務萬望勿禁蓋須言明不禁專造軍火之器料方有益也餘同前電祈照改譯送至感洞宥

收軍機大臣電三月初四日

加稅一事德以爲然英尙躊躇江督昨有電致貴大臣諒

已接到此事上年盛京卿聶護撫與總稅司已有成說希即晤商外部懇德廷極力勸商俾中國增出巨款方可湊集賠償則感荷靡既樞冬

收湖廣總督張電　二月十二日

密佳電悉承示德外部云聞償款難籌如鄙意有實在辦法當格外遷就顧全中國等語具見德廷顧念兩國舊交曷勝感佩現聞賠款各國共索現銀四百五十兆中國借票只能售七折須向銀行借六百兆方得此數現銀分卅年還每年須還本利三十兆共需九百兆聞之不勝焦灼中國民困償重德所深知惟前德相在議院宣言不肯盡

中國財力并不願令公司藉此牟利高情正義四海共聞若照九百兆之數則銀行所得與各國國家相等殊非情理之平查大綱第六款云中國須籌定各國所能允從理財之法以爲擔保明係指賠款分年攤還若還現銀何用擔保中國財政何必各國允從擬懇德勸各國先將賠款酌減此次德執牛耳德若減讓各國從風并懇分爲十年攤還勿索現銀至籌款之策鄙人私意零星羅掘整頓見效必遲集款雖鉅無補賠款中國農民最苦地丁漕糧不便加徵不如竟將關稅釐金鹽課舊有此數項入款均加倍徵收無論洋貨土貨洋稅常稅洋藥土藥一併加倍惟

洋貨加稅自應免釐最爲簡捷公平明白易行假如賠款能減至四萬萬兩以內分十年還清則以上三項倍徵之欵必可敷還款之用此作確實擔保各國當可允從除已經電商穆使并電商英美日外望轉商外部切懇減數分年勿索現銀至感以上辦法乃鄙人私意外部意如何請速探詢電復以便與政府及南洋商酌洞藥

收南洋大臣劉電三月十七日

覘復卅電并豐復電已函達茲再轉如左又佳電并達中國財匱已久出入統計前已歲短六七百萬兩不增用已慮年虧一年應還洋債歲至二千數百萬後難爲繼今復

遭此大難貧困益甚以後整理一切需費已繁又須加以各國賠款爲數甚鉅若磐原有之項以爲抵償之需則辦事無費何以立國卽謂理財法有未善祇能次第改變操之過蹙轉慮激而生事有礙商務爲今計非籌增款之法不能濟目前之急非洋貨加稅免釐照洋藥并徵無從增籌鉅款北方拳匪未亂之先盛聶兩公在京與總稅司議加洋稅已有成說坤亦與聞去秋英德駐使曾與盛京卿論及謂舍此不能爲國實係篤論向來洋貨完釐商嫌局卡留難國家難得實際歸關併收事更直捷兩有裨益此後還款愈多鎊貴當難復賤洋貨自應照時估價煙酒器

用等項前因洋商自用免稅今多售賣亦應區別徵免以期悉昭公允此次之亂承英曲諒重敦睦誼俄約又承英助得作罷論無非顧全中國以冀振作爲意頃鏡宇電德外部云加稅德以爲然聞英不允當極力調停或籌一折中法以金抽稅計可暗加釐五云金抽稅即按時估價所增無幾今欲籌款非加稅無以爲計加稅之後一切政治興革有資地方興旺與英商務亦屬有裨若慮稅重銷滯華民用洋貨已慣購洋貨又均係有力之家亦斷無慮銷滯此事非懇英始終幫助照允中國實難支持務祈詣商并擇要電呂商德贊助禱切坤卅卅電并樞電遵敦商瀾

云洋貨釐稅并徵深合事理鄙見亦同惟事大節繁議成必累月經年恐於湊集償款緩不濟急且釐稅并徵後外銷款是否由部指撥如外省另立名目重徵何以預防其弊中國變法需款必多如將加稅盡供償款將來何以為整頓之費等語豐答以加稅本係修約應辦之事發議在先可見并非專為償款惟事逢其會加稅愈不容緩查中外通商章程以洋藥釐稅并徵為最善今將洋貨仿辦事涉煩瑣一經英廷倡允各國相從款即有著毋慮緩不濟急外銷一項江帥自已籌及洋藥釐稅并徵後并無另設名目重徵之舉洋貨可以無疑江帥本謂若罄原有以抵

債則辦事無費加稅後政治興革有資與費爵所謂整頓之費正合瀾意頗動云候電商薩使後再議豐答盛聶二公與總稅司講求此事極熟惟望薩使奉有英廷照允辦理訓條俾可成議曷勝禱懇祈鑒轉樞垣豐陽昨薩使電鄂督此次賠款各國索現銀四百五十兆中國借票只能售六七折須向銀行借六百兆方得此數現銀分卅年還每年須還本利約三十兆等語如此核計共須九百兆現賠數加一倍在商務英國十居七八商務之盛衰全視地方之貧富此次賠款英國索數較各國獨少照各國總數核計尚不及十分之一又復弛禁軍火料物允商加稅凡

爲中國計無微不至商民同深感荷今若因索取現銀而使中國加受數百兆之虧從此商民膏血全盡無論洋貨土貨皆力不能辦商務大壞非英國之利且索現各國均沾累商英獨受損以十不及一之賠款害十居七八之商務損己利人尤爲失計祈向瀾侯切陳利害通盤籌畫請其電薩敦勸各國勿索現銀并將賠數減少由中國分年攤還中國尚有振興之望英亦享商務之益關係兩國實非淺尠并電秩庸設法商美諄勸各國勿索現均盼電復

坤佳豐諫

收湖廣總督張電 二月十九日

頃南洋轉來蒸電悉德外部既願遷就助華且防從中漁利之人感甚惟敝省前藥電所擬辦法十年共還四百兆兩以洋貨土貨一律倍徵作抵聞意見多有不合茲再籌一辦法擬每年認還二千萬兩財力只能如此候各國減議定數後分年歸還以還清爲度但鄙意決不願以現有之釐金漕折鹽課常稅等項作抵蓋現款作抵爲數又鉅府庫全空百事俱廢此時中國必須變法方能中外永遠相安故各國亦深望中國變法自強若變法則事事開通各國在華商務必然大加興旺然變法則應辦之事甚多必須鉅款現款全空國用無出勢必零星搜索諸事不能

興辦民生必更困窮內地尚不能安靖各國商務亦難受
益矣必懇各國減數寬期方能辦到鄙人私意擬另設丁
捐一款以供抵還此款新債之用中國人丁甚多除應免
捐者不計外若每年一人捐錢二百文每年至少必可捐
銀二千餘萬兩此可謂實在辦法還債有盈無絀至舊日
各款本有額支應用之處不便牽動將來加稅等事以爲
變法開辦各事之用如此則中國不致蕭索廢弛各國商
務必有大益不知德國意如何以丁捐作抵可否其期可
展爲若干年均望探示以便商之政府每年至多只能還
二千萬兩一節乃內外公共議論其擬抽丁捐一節乃鄙

省私意并聲明德外部既問我實在辦法望即詢德有何
實在辦法密以電示切禱洞巧

收南洋大臣劉電三月二十日

轉呂鏡翁蒸電巧到已照轉德盛意可感之至貧久即加
稅僅能彌虧再極力開節歲不過千餘萬可抵賠款多則
不支索現須借款暗折更大美使謂中國力量只能賠三
萬一千萬擬向各國勸減祈切商德外部助力勸減并勿
索現大局幸甚坤巧惟德轉呈

收湖廣總督張電三月二十一日

諫電悉昨巧電想達丁捐作抵一節德國允否華民最衆

各國深知取之甚廉斷無梗阻可謂實在辦法以此作抵方可保全鹽務免從中漁利者藉此干預其利息年限姑綏商望先問丁捐可作抵否速示復洞哿

收湖廣總督張電三月二十二日

哿電想達若允丁捐作抵每年至多方能還二千萬若不允丁捐作抵每年斷不能籌二千萬望速詢復洞禡

收出使法國大臣裕電三月二十八日

香帥電養電悉外部不願丁捐作抵者恐收多寡難定也假如條約內寫明先以丁捐作抵如數有不足即在釐金常稅漕折內補款湊足可行否望速商復洞感庚勘

收鐵路大臣盛電四月十一日

盛電各國印花詳細章程望速譯寄西安并轉呂裕羅使

先電復

行在總署宣轉齊代辦胡惟德蒸

收鐵路大臣盛電四月十二日

冬電江轉共總四百五十兆四釐息已准宣文

收出使法國大臣裕電四月十二日

峴帥電轉呂佳電悉已照轉賠款四百五十兆息四釐已准分還細數未核宣深盼聯軍早撤免遲日費增德法消息望隨時電示坤元庚元

收全權大臣慶親王李傅相電 四月十五日

冬電悉賠款認息四釐奉

旨頃德穆使照稱聯軍行將裁撤德軍擬僅留一枝約數千人等語債票辦法可商抵款年期再議保定以南土匪不日均可勘定慶李咸

收南洋大臣劉電 四月二十一日

劉電請轉呂覃電到坤效德尉

收

行在總署電 四月二十七日

嗣後寄本署文函除要電外均寄京署核辦并轉呂裕羅

伍使
行在總署有惟德謹轉宥
收慶親王電四月二十七日
沁篠養有電均悉德儲加冠禮物上年五月已備寄或中
途因亂遺失茲再備禮由醇邸帶往致送敬節未定慶親
王沁
收全權大臣慶親王李傅相電四月二十八日
四月十九日奉
旨醇親王載灃著授為頭等專使大臣前赴大德國敬謹將命
前內閣侍讀學士張翼副都統廕昌均著隨同前往參贊一

切欽此當經知照穆使電德政府昨據稱已接復電醕王可於六月初五日由滬附德公司船起程等語醕邸已料理一切并聞慶李儉

收慶親王電五月初二日

呂大臣鑒大德國總兵李希德爾此次帶兵來華今將撤隊同國醕邸因其在華有年精通華語人品聲名久著中外意欲借重長才贊襄一切望轉懇大德國政府照准并速電駐華欽差穆默轉飭李希德爾隨同醕邸前往是所切盼再醕邸抵柏林時所有應所及一切事宜妥爲預備慶冬

收湖廣總督張電五月初六日

冬豪兩電悉均轉達保定赴京之兵政府已電全權查明分飭停進并商德法兩使酌辦勿生事袁撫已於初一奉

旨賞假百日改爲署理不解任洞魚

收湖廣總督張電五月初八日

此次北方滋事中外均受其害各國豈不欲籌晝一永遠相安之道我中國尤爲深願查此次起事由於民教相仇若不趁此妥議章程約束教民誠恐禍無了日務祈將此中實在情形明告外部懇其速商各國一面電知北京各使妥議定章以安民教而固邦交幸甚茲將管見所及擬

議數條以備各國採納　一洋教士與地方官往來拜晤函牘酬答地方官應以客禮相待以示優異而通中外之情但洋教士既非職官不得用公文照會面談不得及公事詞訟不得私函請託如面談公事干預詞訟即可面斥如私函請託干預可將原函送交領事酌辦輕則申斥重則遣之出境　二教民必須照例呈訴地方官到案聽審不得逕訴教士請領事照會上司倘有教民未照例稟訴地方官有案而逕稟教士請領事照會者照越控例懲辦原告教民匿不到案者案作了結不能翻案　三凡教堂收人入教必須先行查明其人平日實係安分并未犯案

爲非亦未與人涉訟然後可收若地方官查知此人實非安分之良民當即告教士將此人屏逐出堂　四洋教士必須通中國語言文字穿中國衣服方准入內地傳教

五凡教民如有因其從教而受平民欺淩者或爲地方官寃抑者教士只可訴之領事由領事照會請派員澈查審辦但須教民眞係因從教受屈教士方能稟訴領事干預

六教民與平民止可一體看待不得歧異如地方官并未歧視不得謂之寃抑　七教民仍係中國子民除酬神賽會不派錢外如地方官捐派一切有關

國家課稅有益地方公事善舉之錢教民不得獨免須與平

民一律　八華教士既非紳士更非職官仍係民人不得拜會官長擅投函牘其見官禮節必須照平民一律　九教士藏匿犯人抗不交官者照會領事撤退遣令出境　十教堂不得藏匿犯事之人如逃匿堂內差役可隨時入堂拘拏　十一洋式教堂應報地方官核實估價存案教民會講之所并非洋式者亦應預先報官核實估價如平日未經報官者遇有傷損只按中國民房辦理　以上各條實爲民教相安起見爲平民計亦爲教民計此次聯軍到保定後教民淩虐擾害平民德瓦帥出示招告申寃歡聲載道若此時議定永遠妥協章程民教自必永遠相安

或請各國會同先行派員來華確查實在然後妥議約束
章程亦可祈速轉達電復洞陽
收副都統廕電五月初十日
賡鑾共去約五十八王用轀輦應黃色廕蒸
收
行在政務處電五月十三日
盛轉本處更定政要擇善而從查西洋各國變通政治日
異月新允宜採資攷鏡應請貴大臣將該國現在政治學
校財政軍政商務工藝諸大政章程條例分別擇要譯錄
迅速咨送本處以備採擇

行在政務處眞宣庚文
收南洋大臣劉電五月十四日
峴帥電輯洽民教事香帥擬徑請商外部推民教相仇之
由實因教士袒教抑民致成水火教士所以必欲違背條
規妄事干預袒教抑民無非欲廣傳其教殊不知所從者
非貧民即無賴貧民有所貪圖無賴得以恃勢橫行故西
教行華數十年極少士大夫信從蓋傳教所以明道若照
教士行爲直與人爲難循此不變不獨教道益難使人信
服亦復後患靡所底止是以日本近宗教家言以西教之
在中國一切舉動有昧總會眞意越宗教範圍力勸以仁

愛平等之義發爲議論更有法國近設之中國和議會臚陳保爾包爽君所論舉民鬧市半由傳教士恃大國兵威護符橫行無忌令人難以忍受是爲永遠爭論之由亦即取怨之方會衆議定將保君所開各節再加講論擬協勸當軸勿許教士及奉教華民歸使臣保護英員古爾遜亦著有論說極言傳教之弊病是傳教應妥設良法各國高明之士早已籌計及此且英國教會公同議定此次匪亂教會中毀失物產概不索賠惟望崇信教理者之樂輸將各省英國教案業先賠償但教會用意無非爲解究釋結蓋傳教而生事端非特有背勸善之意且地方擾亂亦復

大害商務兩有不利亟宜乘此妥定善後之法爲洽輯民
教之計能照鄂電補救一分即受一分之益望商辦爲盼
坤元并請照轉德呂使庚鹽
收駐俄參贊胡惟德轉北京來電六月十六日
慶邸文電樞電六月初九奉
上諭總理衙門改爲外務部列六部前簡派慶親王總理外務
部事務大學士王文韶授爲會辦外務大臣瞿鴻禨調補外
務部尚書授爲會辦大臣徐壽朋聯芳授外務部左右侍郎
等因欽此希告外部餘咨達云德稟諫
收南洋大臣劉電六月十七日

去歲北地匪擾滬駐洋兵商民驚疑迄難安心貿易現北京聯軍已陸續遣退滬上洋兵更應早撤經盛大臣屢商各領各國均願即撤唯英德尚難定議遣退事定滬兵未撤商民必更滋疑務望速商外部早撤兵以定人心而興商務盼復坤諫

收南洋大臣劉電六月二十六日

德皇太后薨逝請爲代轉外部唁慰坤宥

收出使英國大臣羅電六月二十七日

瀾侯復峴帥諫電允先撤千人餘相機續撤云豐有

收兩廣總督陶電六月二十九日

德皇太后薨逝請代向王室政府道達哀忱模豔

收鐵路大臣盛電七月初六日

行在致唁國電

行在電禡電冬到因綫阻稽遲請轉告電文錄後

大清國

皇太后致唁

大德國

大皇帝哀次頃聞

貴國

皇太后徽音炳曜遠播五洲凡屬隣邦靡不敬仰況我兩國往來

聘問素睦邦交予自聽政以來即與
貴國辦理交涉力主和衷久聞
貴國
皇太后德性慈祥實深欽慕現値重修舊好休戚相關方冀慈慶
延長共享盛平之福遽然晏駕悼愕殊深用致詞慰唁望
大皇帝勉抑哀思爲國自重以副環球翹企之意又
大淸國
大皇帝敦睦
大德國
大皇帝哀次茲據出使大臣呂海寰電奏

貴國
皇太后薨逝驚聞噩耗悼愕莫名朕維
貴國文明興起炳曜歐洲
貴國
皇太后御下慈祥環球欽仰況我國與
貴國邦交日篤此次惠顧前好尤感
大皇帝錫類之懷重敦友誼方冀
貴國
皇太后慈雲廣被愛日俱長乃忽棄養寢門歸眞天上追維懿德
彌切感傷還冀

大皇帝以國家爲重順變節哀日有萬幾勉自珍衛不獨朕所
勸慰凡我友邦亦無不有同情也用特敬致國書藉深忱
悃維
大皇帝鑒察是幸樞江宣轉

收湖廣總督張電七月初七日
沁電感悉德皇太后崩逝聞耗良深震愕請轉達外部代
申唁悃至禱洞豪

收湖廣總督張電七月初十日
祈轉大德國親王亨利昨驚悉貴國皇太后崩逝震悼殊
深惟望貴親王爲國節哀爲幸張之洞初九

收南洋大臣劉電七月初十日

魚陽電悉外洋無跪拜儀非禮待人即是非禮待已固爲中國羞亦貽外國笑尋盟修好當釋前嫌乞極力勸止坤卦

收全權大臣慶親王李傅相電七月初十夜

魚陽電均悉德皇坐受國書姑置不論其令參贊等叩首爲歐洲向來所無未免有意欺辱

國體有關斷難遷就此次我

朝廷特簡近支親王派充專使往德廷正宜棄嫌修好優禮接待何得如此違禮相欺殊出意料之外除已請穆使電

達該國政府轉圜外如彼仍堅執祇好由執事轉告醕邸止帶廕昌一人往見張翼可令稱病其餘各參贊等均令先赴別國等候亦不得已之辦法否則國書可以緩遞最不能忍此大辱以後各員等將何顏再赴別國乎穆使電能否挽回仍望大力辯爭勿稍鬆勁除電樞廷外慶李卦

收醕親王電

坐船月餘辛苦萬狀昨勉強就道益覺疲倦暫駐巴些耳已請李希德耳前往德京將本爵一切情形面達外部現未能按德皇定期到柏林甚歉請即婉告外部醕親王侵

收軍機處電七月十二日

接蔭電德皇坐見醇王行三鞠躬禮遞國書致頌參贊入見者均叩首等語中國於懲罪賠款久已誠心謝過特派親王出洋本欲重修舊好今德國於各項禮節不以通使相待中國臣民聞之均懷不平且德王亨利前次到京我

國

皇帝格外優禮出御座相見並於納陛上賜坐此中國非常異數今醇親王與亨利實爲敵體乃德主坐見尤於交好之禮未協務設法力爭并切託英美日三國公使代爲調停至要樞文宣轉

收醇親王電七月十三日

禮節改爲請安與向例亦屬不符本爵不能擅專仍須請
旨而行恐誤接見之期事屬兩難本爵只得力疾速來候覆辦
理以表我
國家至誠修好之意務祈婉懇外部格外原諒以顧兩國交
誼若能俯允速望電復醇親王覃

收醇親王電七月十三日

覃電悉已接到禮節更改究竟如何立候電覆以便前來
醇王覃未

收醇親王電

元電悉本擬力疾赴德惟病勢未減實難支持只可暫緩

前來望婉達外部所事已電奏醇親王
收醇親王電七月十九日
慶李嘯電內開樞廷電囑轉復尊處相機因應期於顧全
大局仍於
國體無傷等語當電復以坐受國書一節鴻章丙申使俄德
皇派員邀請赴德即係坐受國書其傲慢性生不足計較
惟參贊跪拜有傷
國體茲以折中定斷遞時只帶金楷理蔭昌泰等傳譯張翼
蔭昌等仍照前電或託病或暫避他處以免跪拜受辱已
電醇王酌辦呂使擬交各使持平訂定禮節各使皆助德

抑華斷乎無益云除電奏外請酌辦醕效

收醕親王電七月十九日

效轉嘯電諒鑒並昨談各節均請台篤設法婉商外部如何情形即祈示復以便電復全權誼親王皓酉

收醕親王電

號電悉知事已有轉機頃據艾領事面稱現接外部來電問王爺能否起身以速為宜並稱德皇允其接見遞書只帶五樓一人餘均別殿伺候現擬今晚十一點鐘搭車前來明申可到餘容面談醕號

收全權大臣慶親王李傅相電七月二十一日

嘯電計達約載派使建碑在我均已辦到乃彼於禮節格
外要索
國體攸關礙難應允德之此舉公法所無駐京各使亦多不
以爲然但未便出頭勸阻嘯電辦法能照行否如或不便
仍希設法磋磨以待轉圜慶李馬